Ulrike Egger
Loni Prifling

Rechtschreibung üben – Deutsch 4. Schuljahr

MANZ VERLAG

5. Auflage 2004
Manz Verlag
© Ernst Klett Verlag GmbH, Stuttgart 1998
Alle Rechte vorbehalten
Lektorat: Peter Süß, München
Herstellung: Karin Schmid, Baldham
Umschlaggestaltung: Zembsch' Werkstatt, München
Titelbild: Michel Tcherevkoff, Colored Jigsaw Puzzle Missing Center piece
© The Image Bank Bildagentur, München
Illustration: Gunther Ulbricht, Lauingen
Satz: Karin Schmid, Baldham
Druck: Mediengruppe UNIVERSAL
Grafische Betriebe Manz und Mühlthaler GmbH, München
Printed in Germany

ISBN 3-7863-1018-1

Vorwort

Liebe Schülerin, lieber Schüler,

die nette junge Hexe Annabella, ihr Papagei Grünschnabel und Annabellas Freund Valentin freuen sich, dich kennen zu lernen. Sie werden dich durch das ganze Buch hindurch begleiten.

Du wirst sehen: Rechtschreibung ist keine Hexerei. Mit ein bisschen Übung findest du die richtigen Lösungen. Dein Stift ist der Zauberstab. Nimm also deinen Lieblingsstift, wenn du mit diesem Buch arbeitest.

Mit etwas Geduld kannst du die Aufgaben bestimmt lösen. Annabella, Grünschnabel und Valentin helfen dir dabei.

Wenn du dieses Bild siehst, findest du daneben einen wichtigen Hinweis, den du dir gut merken solltest.

Bei diesem Bild gibt es einen Extra-Tipp für dich. Oft verrät man dir auch einen kleinen Trick, wie du bestimmte Fehler wegzaubern kannst.

Wenn du eine Übung fertig hast, dann lass deine Lösungen von deinen Eltern durchsehen – oder schau selbst im Lösungsheft nach. Mach die Übungen so oft, bis du keinen Fehler mehr hast.

Und lass dir Zeit bei den einzelnen Aufgaben – denn sogar ein Zauberer muss erst nachdenken, bis er die richtige Zauberformel findet.

Wir wünschen dir viel Spaß beim Knacken der Rechtschreibrätsel!

Inhalt

1 Großschreibung von Namenwörtern — 6
Abstrakte Namenwörter — 6
Zusammengesetzte Namenwörter — 8
Namenwörter aus Tunwörtern und Wiewörtern — 10
Namenwörter mit den Nachsilben -heit / -keit / -ung / -nis — 13

2 Wörter mit langem Selbstlaut — 22
Wörter mit Dehnungs-h — 22
Wörter mit ie — 25
Wörter mit aa – ee – oo — 31

3 Wörter mit kurzem Selbstlaut — 38
Wörter mit doppeltem Mitlaut — 39
Wörter mit ck — 42
Wörter mit tz — 44
Wörter mit l – n – r — 46

4 Wörter mit drei gleichen Buchstaben in Folge — 54

5 Wörter mit ss und ß — 56
Wörter mit ss — 56
Wörter mit ß — 58
Schwierige Tunwortformen mit ss – ß — 60
Das Bindewort *dass* — 63

6	Sp / sp und St / st am Wortanfang	70
7	Der x-Laut	77
8	Wörter mit V / v	84
9	Seltene Wörter mit ai	92
10	Wörter trennen	95
11	Die Vorsilben zer- / ent- / aus-	107
12	Anredefürwörter	113
13	Satzzeichen bei der wörtlichen Rede	117
	Satzzeichen bei vorangestelltem Redebegleitsatz	117
	Satzzeichen bei nachgestelltem Redebegleitsatz	119

Wörterliste 123

Bastle dir ein Lesezeichen! 127

Lösungsheft

1 Großschreibung von Namenwörtern

Abstrakte Namenwörter

Die kleine Hexe Annabella sitzt in der Hexenschule vor ihrem Computer. Sie soll aus einem Buchstaben-Wirrwarr alle abstrakten Namenwörter herausfinden und einrahmen.

Das weiß ich schon: Abstrakte Namenwörter bezeichnen etwas, das ich nicht sehen und anfassen kann. Sie bezeichnen etwas, was ich innerlich fühlen oder denken kann.

1. Rahme alle neun abstrakten Namenwörter ein. Du musst waagrecht und senkrecht lesen. Schreibe dann die Wörter mit ihren Begleitern auf die Zeilen.

```
S C H M E R Z S
F R F L I S T K
U S R X I N S U
R W E S M E I M
C U U T U I D M
H T D L T D E E
T X E L O Y E R
```

Schmerz, List, Wut, Mut, Furcht, Neid, Kummer, Freude, Idee

Abstrakte Namenwörter

2. Der Computer hat alle Selbstlaute verschluckt.
Ergänze die Lücken mit den passenden Selbstlauten.

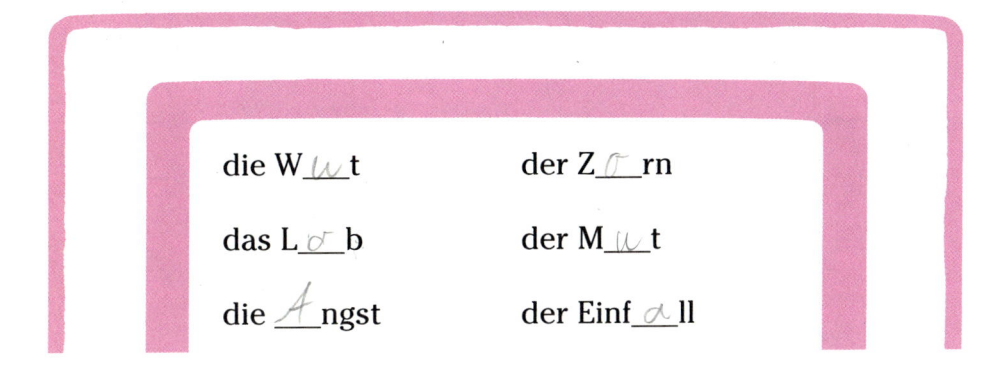

die W_u_t   der Z_o_rn

das L_o_b   der M_u_t

die _A_ngst   der Einf_a_ll

3. Annabella soll im Kreuzworträtsel zu jedem Namenwort das Gegenteil eintragen. Sie verwendet dazu die Silben im Kasten. Doch Annabella gerät ganz schön ins Schwitzen. Da kommt ein Freund und hilft ihr. Das Lösungswort verrät dir seinen Namen. Streiche die verwendeten Silben durch.

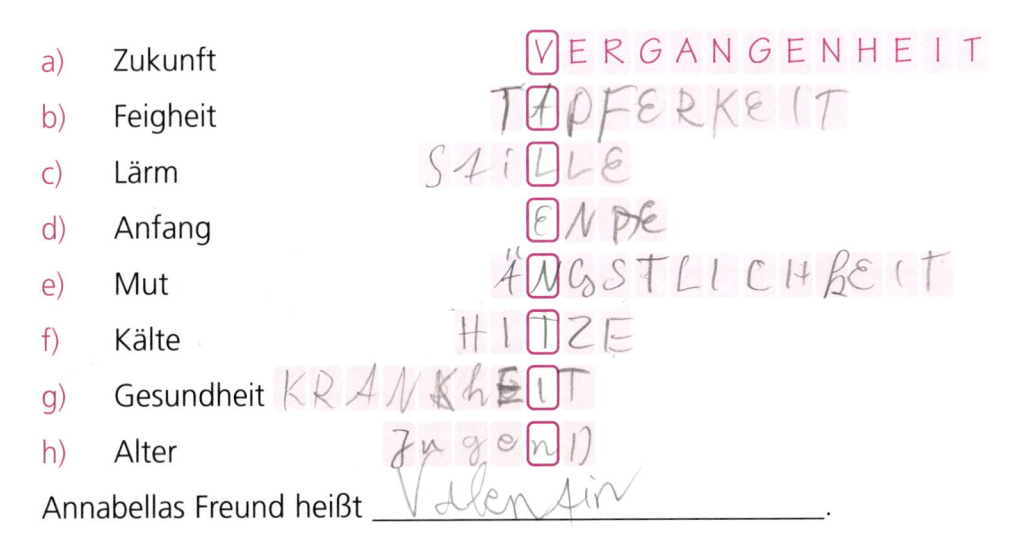

EN, KEIT, ~~VER~~, LICH, DE, ~~GAN~~, LE, KRANK, ~~HEIT~~, TAP, ZE, GEND, JU, KEIT, STIL, HIT, HEIT, FER, ÄNGST, ~~GEN~~

a) Zukunft — **V**ERGANGENHEIT
b) Feigheit — T**A**PFERKEIT
c) Lärm — STI**L**LE
d) Anfang — **E**NDE
e) Mut — Ä**N**GSTLICHKEIT
f) Kälte — HI**T**ZE
g) Gesundheit — KRANKHE**I**T
h) Alter — JUGE**N**D

Annabellas Freund heißt __Valentin__.

7

1 Großschreibung von Namenwörtern

4. In Übung 3 hast du die Lösungen in Großbuchstaben geschrieben. Schreibe jetzt die acht Namenwörter mit ihren Begleitern so auf die Zeilen, wie du Namenwörter normalerweise schreibst.

die Vergangenheit, die Tapferkeit, die Stille, das Ende, die Ängstlichkeit, die Hitze, die Krankheit, die Jugend

Zusammengesetzte Namenwörter

Valentin ist heute den ersten Tag als Lehrling in der Hexenschule. Er lernt beim Zaubermeister Donnerschlag zaubern. Valentin ist also ein Zauberlehrling.

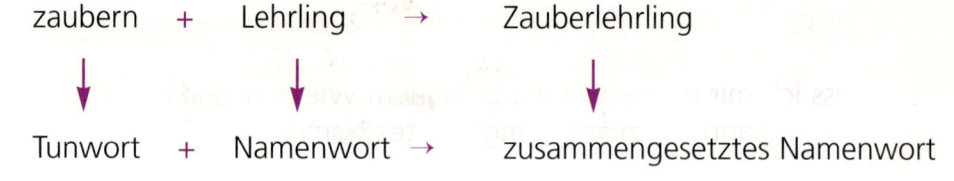

zaubern + Lehrling → Zauberlehrling

Tunwort + Namenwort → zusammengesetztes Namenwort

Das muss ich mir merken: Aus einem Tunwort und einem Namenwort kann ein zusammmengesetztes Namenwort entstehen. Zusammengesetzte Namenwörter schreibe ich groß.

5. Bilde zusammengesetzte Namenwörter und schreibe sie mit ihren Begleitern auf die Zeilen.

a) klettern + Turm — *der Kletterturm*
b) reiten + Pferd — *das Reitpferd*
c) spielen + Platz — *der Spielplatz*
d) baden + Anzug — *der Badeanzug*

Zusammengesetzte Namenwörter

e) tauchen + Brille — die Taucherbrille
f) trinken + Halm — der Trinkhalm
g) springen + Brett — das Springbrett
h) kleben + Stoff — der Klebstoff
i) tanken + Stelle — die Tankstelle
j) treten + Boot — das Tretboot
k) schreiben + Tisch — der Schreibtisch
l) surfen + Brett — das Surfbrett
m) waschen + Bär — der Waschbär
n) malen + Pinsel — der Malpinsel

Das muss ich mir merken: Auch aus einem Wiewort und einem Namenwort kann ein zusammengesetztes Namenwort entstehen.

6. Sicherlich fällt es dir nicht schwer, aus den Wiewörtern und Namenwörtern zusammengesetzte Namenwörter zu bilden. Schreibe sie mit ihren Begleitern auf die Zeilen.

a) geheim + Versteck — das Geheimversteck
b) kurz + Schluss — der Kurzschluss
c) rot + Schopf — der Rotschopf
d) weiß + Kohl — der Weißkohl
e) lang + Schläfer — der Langschläfer
f) kühl + Schrank — der Kühlschrank

1 Großschreibung von Namenwörtern

g) grün + Fink — *der Grünfink*

h) rund + Flug — *der Rundflug*

i) spitz + Maus — *die Spitzmaus*

j) wund + Pflaster — *das Wundpflaster*

k) alt + Papier — *das Altpapier*

l) grau + Reiher — *der Graureiher*

Namenwörter aus Tunwörtern und Wiewörtern

Als Valentin und Annabella zusammen in die Pause gehen, wundert sich der Junge über die vielen Schilder. „Ist hier bei euch so viel verboten?", fragt er ängstlich. „Du hast die Schilder wohl noch nicht genau gelesen!", schmunzelt Annabella.

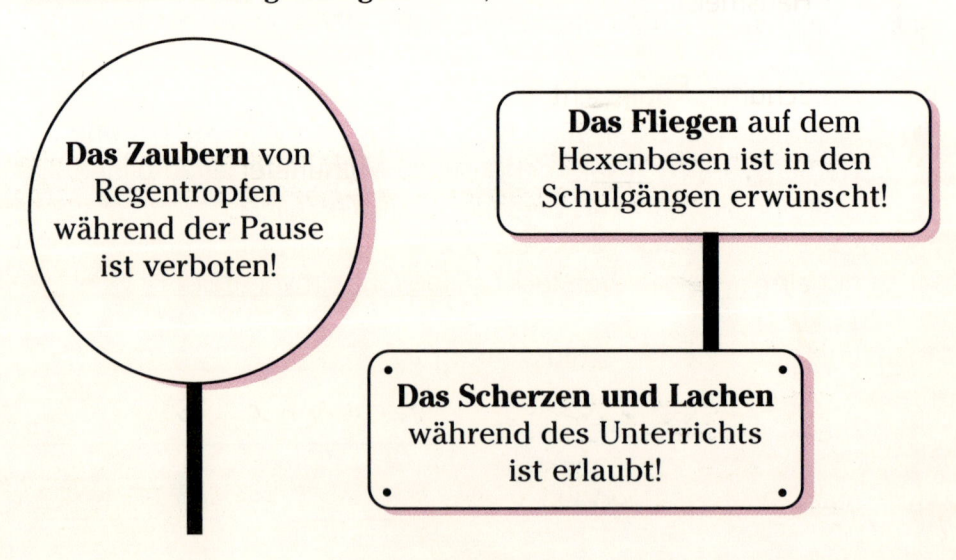

Das Zaubern von Regentropfen während der Pause ist verboten!

Das Fliegen auf dem Hexenbesen ist in den Schulgängen erwünscht!

Das Scherzen und Lachen während des Unterrichts ist erlaubt!

Das muss ich mir merken: Aus einem Tunwort kann ein Namenwort werden, wenn ich den bestimmten Begleiter davor setze.

Beispiel: **f**liegen → das **F**liegen.

Lösungsheft zu
Rechtschreibung üben – Deutsch 4. Schuljahr

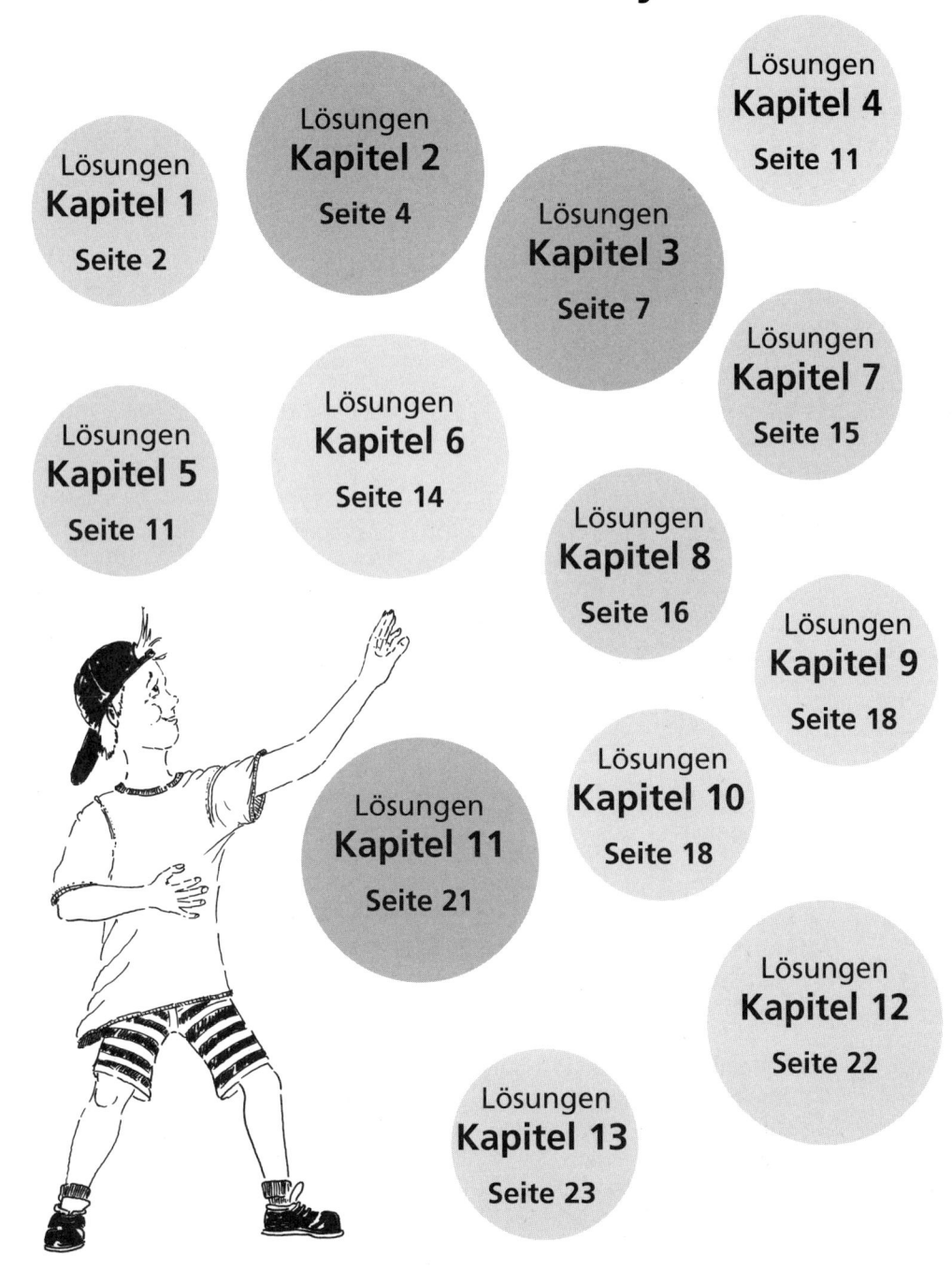

- Lösungen **Kapitel 1** Seite 2
- Lösungen **Kapitel 2** Seite 4
- Lösungen **Kapitel 3** Seite 7
- Lösungen **Kapitel 4** Seite 11
- Lösungen **Kapitel 5** Seite 11
- Lösungen **Kapitel 6** Seite 14
- Lösungen **Kapitel 7** Seite 15
- Lösungen **Kapitel 8** Seite 16
- Lösungen **Kapitel 9** Seite 18
- Lösungen **Kapitel 10** Seite 18
- Lösungen **Kapitel 11** Seite 21
- Lösungen **Kapitel 12** Seite 22
- Lösungen **Kapitel 13** Seite 23

1 Großschreibung von Namenwörtern

1.
Waagrecht: Schmerz, List
Senkrecht: Furcht, Wut, Freude, Mut, Neid, Idee, Kummer

2.
die Wut, der Zorn, das Lob, der Mut, die Angst, der Einfall

3.
a) **V**ERGANGENHEIT
b) T**A**PFERKEIT
c) STI**L**LE
d) **E**NDE
e) ÄG**N**STLICHKEIT
f) HI**T**ZE
g) KRANKHE**I**T
h) JUGE**N**D

Das Lösungswort heißt: VALENTIN.

4.
die Vergangenheit, die Tapferkeit, die Stille, das Ende, die Ängstlichkeit, die Hitze, die Krankheit, die Jugend

5.
a) der Kletterturm
b) das Reitpferd
c) der Spielplatz
d) der Badeanzug
e) die Taucherbrille
f) der Trinkhalm
g) das Sprungbrett
h) der Klebstoff
i) die Tankstelle
j) das Tretboot
k) der Schreibtisch
l) das Surfbrett
m) der Waschbär
n) der Malpinsel

6.
a) das Geheimversteck
b) der Kurzschluss
c) der Rotschopf
d) der Weißkohl
e) der Langschläfer
f) der Kühlschrank
g) der Grünfink
h) der Rundflug
i) die Spitzmaus
j) das Wundpflaster
k) das Altpapier
l) der Graureiher

7.
a) Die Schulkinder <u>lachen</u>.
   Das Lachen der Schulkinder schallt durch das ganze Haus.
b) Valentin <u>singt</u>.
   Das Singen von Valentin gefällt Annabella.
c) Frau Naseweis <u>schimpft</u>.
   Das Schimpfen von Frau Naseweis hört der Hausmeister.
d) Die Schultafel <u>quietscht</u>.
   Das Quietschen der Schultafel stört die Kinder.
e) Annabella <u>rechnet</u>.
   Das Rechnen macht Annabella Spaß.
f) Die Hexenkinder <u>verkleiden</u> sich.
   Das Verkleiden der Hexenkinder dauert lange.

8.
a) Zaubermeister Donnerschlag erteilt am Freitagnachmittag Unterricht im Zaubern von Donnerschlägen und Kugelblitzen.
b) Zum Kochen unserer Siebenkräutersuppe bitte morgen frische Kräuter mitbringen!
c) Zum Üben der Hexensongs für das Schulfest bitte nächsten Dienstag um 15 Uhr in den Musiksaal kommen!
d) Beim Schwimmen im Silbersee hat Annabella den 1. Platz belegt.
e) Vom Backen unserer Riesen-Waldbeerentorte sind noch einige Tortenstücke übrig. Bitte in der Hexenküche abholen!
f) Das Vorführen neuer Zauberkunststücke findet nächstes Wochenende bei Vollmond statt.
g) Wer hat Spaß am Lernen von Jonglier-Kunststücken? Bitte bei Frau Naseweis melden!

9.
Voller Erwartung brechen die Kinder am Abend auf. Gebannt hören sie der Erzählung ihrer Lehrerin Naseweis über Waldgeister zu.
Da nimmt Annabella eine leichte Bewegung im Gebüsch wahr. Da! Wieder ein Rascheln! „Ob das wohl Waldgeister sind?", überlegt Annabella. Plötzlich hört sie ein ärgerliches Krächzen. Mit großer Tapferkeit schleicht sie hinter die Büsche. Welch eine Überraschung! Es ist Grünschnabel, Annabellas Papagei, der nicht allein zu Hause bleiben wollte.
„Wie siehst denn du aus?", ruft Annabella entsetzt. „Wo ist die Schönheit deiner Federn geblieben?" – „Das ist Tarnung", antwortet Grünschnabel stolz. „Ich habe mich ausgiebig in der Asche des Backofens gewälzt, damit ich in der Dunkelheit nicht gleich gesehen werde."

10.
heit: Feigheit, Gesundheit, Überlegenheit, Klugheit, Schönheit, Dummheit, Krankheit
keit: Ähnlichkeit, Pünktlichkeit, Leichtigkeit, Helligkeit, Heiterkeit, Gemütlichkeit, Schwierigkeit
ung: Überlegung, Entschuldigung, Erklärung, Beleidigung, Versicherung, Zeichnung, Wohnung

11.
geheim – das Geheimnis – die Geheimnisse
versäumen – das Versäumnis – die Versäumnisse
ersparen – die Ersparnis – die Ersparnisse
verzeichnen – das Verzeichnis – die Verzeichnisse
ereignen – das Ereignis – die Ereignisse
erleben – das Erlebnis – die Erlebnisse
ergeben – das Ergebnis – die Ergebnisse

Fitness-Station 1

1 *Diese Wörter musst du ankreuzen:* Wut, Furcht, Neid, Idee, Schadenfreude, Freundschaft, Schmerz, Zorn, Kummer

2
a) Großstadt, Schnellzug, Blaumeise, Faultier, Weißbrot, Wildpferd, Süßstoff
b) Turnschuhe, Parkplatz, Anlegestelle, Steckdose, Lesezeichen, Stoppschild, Rennbahn

3
a) Turnschuhbeutel
b) Klebstofftropfen
c) Schreibtischschublade
d) Weißbrotscheibe
e) Fahrradstange
f) Hallenschwimmbad

4
a) Der Donner grollt. – Das Grollen des Donners ist weit zu hören.
b) Der Motor brummt. – Das Brummen des Motors stört den Nachbarn.
c) Oma beobachtet die Kinder beim Spielen. – Die Kinder spielen im Garten Fußball.
d) Das Betreten des Rasens ist verboten. – Tante Claudia und Onkel Thomas betreten das Kinderzimmer.
e) Katharina schwimmt im See. – Sie geht gerne zum Schwimmen.
f) Beim Lesen liegt Tonio gern in seiner Hängematte. – Er liest eine Detektivgeschichte.
g) Alexander lacht über den Clown. – Vor Lachen hält er sich den Bauch. – Das laute Lachen der Zuschauer gefällt dem Clown.

5
heit: Sanftheit, Unsicherheit
ung: Verspätung, Wanderung, Bildung, Begrüßung, Übung, Erholung
keit: Wirklichkeit, Munterkeit, Heiserkeit, Übelkeit,
nis: Kenntnis, Finsternis, Erlebnis

6
a) Sportereignisse
b) Geheimnisse
c) Fußballergebnisse
d) Slalomhindernisse
e) Urlaubserlebnisse
f) Inhaltsverzeichnisse

2 Wörter mit langem Selbstlaut

12.
Das Ziel der nächtlichen Wanderung ist die alte <u>Mühle</u>. <u>Kühle</u> Nachtluft <u>weht</u> durch den Wald und lässt die Fackeln der Kinder <u>bedrohlich</u> flackern. Von fern hören alle den Schlag der Kirchturmglocke. Es ist <u>zehn Uhr</u>.
Die <u>Lehrerin</u> <u>mahnt</u> zur Eile. „<u>Geht</u> doch etwas schneller, damit wir noch vor Mitternacht die <u>Wohnung</u> der <u>Mühlenhexe</u> Vampirina erreichen."
Plötzlich taucht eine große <u>Zahl</u> von Fledermäusen über den Köpfen der Wanderer auf. Die Kinder <u>fühlen</u> sich <u>bedroht</u>. Sie wollen die Tiere <u>abwehren</u>. Frau Naseweis <u>beruhigt</u>: „Das sind die Fledermäuse von Vampirina. Sie sind nicht <u>gefährlich</u>. Vampirina hat sie <u>wahrscheinlich</u> ausgeschickt um zu <u>sehen</u>, wo wir bleiben!"

13.
ah: mahnt, Zahl, wahrscheinlich
eh: weht, zehn, Lehrerin, geht, abwehren, sehen
oh: bedrohlich, Wohnung, bedroht
uh: Uhr, beruhigt
äh: gefährlich
üh: Mühle, kühle, Mühlenhexe, fühlen

14.
Zahn – Hahn – Bahn
stehen – gehen – drehen – wehen
Dohle – Kohle – Sohle

Hohn – Sohn – Mohn – Lohn
nähen – krähen – mähen
Floh – Stroh – froh

15.
a) Vampirina wartet auf ihren Besuch.
b) Sie hat ihre Fledermäuse ausgeschickt.
c) Mit ihrem Fernrohr beobachtet sie die Umgebung.
d) Ihr Mitternachtsmenü ist fertig.
e) Ihre Spinne Lilli umwebt die Gläser.
f) Vampirina droht ihr: „Hör auf! Ich werde dich sonst gleich in eine Kröte verwandeln."

16.
Tier, schwierig, frieren, schief, niemand, lieben, Wiese, niedrig, fließen, verlieren, Kiefer, Sieb

17.
a) Beispiel
b) fliegen
c) niemand
d) kriechen
e) Papier
f) sieben
g) vierzig
h) Ziegel
i) vielleicht

18.
Freie Übung; hier sollst du die neun Wörter der Liste auswendig auf die Zeilen schreiben.

19.
a) maskieren
b) fotografieren
c) musizieren
d) nummerieren
e) frisieren
f) marschieren
g) probieren
h) spionieren
i) spendieren
j) transportieren
k) diktieren
l) kassieren
m) reparieren
n) notieren

20.
a) Frau Naseweis flieht vor der Spinne Lilli.
b) Valentin sieht die schlafenden Fledermäuse an der Decke hängen.
c) Frau Naseweis bringt Vampirina das Buch zurück, das sie ihr geliehen hat.
d) Vampirina befiehlt den Kindern: „Jetzt aber schnell zu Tisch, solange der Punsch noch heiß ist!"
e) Da geschieht ein Missgeschick!
f) Grünschnabel zieht an der Tischdecke und die Kanne mit dem Punsch fällt um.

21.
in: Termin, Kamin, Delfin, Medizin, Benzin, Vitamin
ine: Maschine, Margarine, Rosine, Praline, Apfelsine, Gardine, Lawine, Kabine

22.
a) die Apfelsinenschale, der Apfelsinenquark, der Apfelsinensaft, der Apfelsinenbaum, das Apfelsinengetränk, der Apfelsinenkuchen
b) die Kaffeemaschine, die Küchenmaschine, die Bohrmaschine, die Spülmaschine, die Waschmaschine, die Schleifmaschine

23.
Nach dem Mitternachtsmenü hat Vampirina eine Idee. „Bevor ihr euch in eure Schlafsäcke kuschelt, erzähle ich euch eine Gutenachtgeschichte. Vor langer Zeit lebte am Rande des <u>Teufelsmoors</u> eine <u>Fee</u> mit leuchtend goldenen Locken. Um diese <u>Haarpracht</u> beneidete sie die <u>Moorhexe</u> Amalie, die ihre eigenen <u>moosgrünen</u> <u>Haare</u> gar nicht leiden mochte. Tag und Nacht dachte Amalie darüber nach, wie sie in den Besitz der <u>Feenhaare</u> kommen könnte …"
Mehr hörte Annabella nicht mehr, denn sie schlief an Valentins Schulter ein.

24.
a) Waage – haarig – Saal – Staat – Paar
b) Tee – Schnee – Fee – Beere – Meer oder Moor – Kaffee
c) Zoo – Moos – Boot oder Beet – Meer oder Moor

25.
Teetasse, Blumenbeet, Seestern, Briefwaage, Kleeblatt, Rittersaal

26.
moosgrün, seekrank, aalglatt, kaffeebraun, schneeweiß

27.
aa: Räucheraal, waagrecht, Haarbürste
ee: Früchtetee, Feenschloss, Orangengelee
oo: Bootsverleih, Moorbad, Zoodirektor

Fitness-Station 2

1
a) Hahn – Fohlen – ~~Nashorn~~ – Reh
b) Jahr – ~~Mond~~ – Frühling – Uhr
c) Möhre – Bohne – Rotkohl – ~~Tomate~~
d) Zahn – ~~Nase~~ – Ohr – Zeh
e) Lehrer – ~~Tafel~~ – Fehler – Zahl

2
a) UHR
b) REH
c) OHR
d) HAHN
e) JAHR
f) LOHN
g) BOHNE
h) SAHNE
i) MÖHRE
j) FOHLEN
k) SCHUHE
l) FEHLER
m) BAHNHOF
n) WOHNUNG
o) FRÜHLING
p) OHNMACHT

3
a) Riese – schief – Ritter – Milch – niemals
b) Briefträger – miteinander – verschieben – Brille
c) Wiese – neugierig – mutig – lieber – Hitze
d) Biene – vielleicht – verlieren – frieren – Viereck

4
a) Viele Spinnen kriechen die Gardine hoch.
b) Sieben Fliegen sitzen auf dem Honigbrot.
c) Die Diebe finden unter der Kiefer eine Kiste mit stinkenden Stiefeln.
d) Niemand sieht die Indianer im Dickicht sitzen.
e) Der Detektiv liegt unter einem Fliederbusch und sieht, wie die Diebe mit ihrem Lieferwagen davonflitzen.

5
a) radieren
b) maskieren
c) telefonieren
d) fotografieren
e) frisieren
f) musizieren

6
a) er flieht
b) er zieht
c) er wiehert
d) er befiehlt
e) er stiehlt
f) er sieht

7
a) Teer
b) Seefisch
c) haarig
d) Brautpaar
e) Schneepflug
f) Kaffee
g) Klee
h) Holunderbeere
i) Saal
j) Glücksfee
k) Waagschale
l) Moos
m) Ruderboot
n) Haarbürste
o) Tulpenbeet
p) Bootshaus
q) Zoodirektor

3 Wörter mit kurzem Selbstlaut

28.
Fisch**e**rn**e**tz, J**a**cke, Schw**i**mmreifen, B**a**ll, W**e**cker, S**o**nnenhut, Gelds**tü**cke, M**ü**tze, T**e**ppich, Plastiks**a**ck, P**u**tzeimer, Pl**ü**schk**a**tze

29.
Doppelter Mitlaut: Schwimmreifen, Ball, Sonnenhut, Teppich
Wörter mit ck: Jacke, Wecker, Geldstücke, Plastiksack
Wörter mit tz: Fischernetz, Mütze, Putzeimer, Plüschkatze

30.
a) Schiffe, Affe, Kartoffel, hoffen, schaffen
b) Rüssel, besser, Gasse, küssen, Schlüssel
c) Bagger, Roggen, schmuggeln, Dogge, baggern
d) zerren, klirren, knarren, knurren, verwirren
e) Brille, Halle, bellen, Roller, freiwillig
f) bitter, Hütte, Schatten, Wette, klettern
g) rubbeln, Ebbe, Robbe, schrubben, krabbeln
h) Treppe, Mappe, Gruppe, doppelt, klappern
i) Kanne, donnern, beginnen, Gewinner, erinnern

31.
a) Wonne – Wolle
b) Rolle – Robbe
c) Donner – Dotter
d) treffen – trennen
e) Hütte – Hülle
f) Tasse – Tanne
g) wippen – wissen
h) billig – bissig
i) Mappe – Masse – Matte
j) Wanne – Waffe – Watte

32.
a) hoffen: er hofft – die Hoffnung – hoffentlich
b) füllen: er füllte – abfüllen – die Füllung – füllig
c) brummen: sie brummen – das Gebrumm – der Brummbär – brummend
d) gewinnen: er hat gewonnen – der Gewinn – das Gewinnspiel
e) glätten: es ist glatt – die Glätte – das Glatteis
f) schwimmen: sie ist geschwommen – der Schwimmer – das Schwimmbad
g) treffen: er trifft – der Treffer – der Treffpunkt – zutreffend

33.
a) Mücke, Blicke, Decke, Schnecke, Lücke, Jacke, Locke, Glocke, Brücke
b) Acker, Bäcker, Stecker, Zucker, lecker, Hocker, Wecker
c) blicken, stecken, packen, backen, drücken, flicken, nicken

34.
a) eckig
b) trocken
c) dick
d) glücklich
e) nackt
f) dreckig

35.
a) Hitze – Blitze – Spitze – Spritze – Ritze
b) Platz – Schatz – Spatz – Satz – Latz
c) Pfütze – Schütze – Mütze – Grütze
d) hetzen – petzen – wetzen – setzen

36.
Die Hexenkinder sind entsetzt, als sie den Schmutz am Picknickplatz liegen sehen. Wie der Blitz sammeln sie das zerfetzte Fischernetz, die abgenützte Mütze, den Putzeimer und die vielen anderen Dinge ein. Oben auf der Spitze des Müllberges liegt die abgewetzte Plüschkatze. Die Kinder jammern: „Oh je, das wird eine Arbeit, all den Müll bei dieser Hitze zum Wertstoffhof zu bringen." Da meint Frau Naseweis: „Jetzt ist es an der Zeit, unsere Hexenkünste zu nützen."

Doch bevor die Lehrerin ihren Zauberspruch beginnen kann, flitzt Annabella mit einem Satz auf den Müllberg und schnappt sich die Plüschkatze.
„Was willst du denn mit dieser schmutzigen Katze?", fragt Grünschnabel eifersüchtig. „Siehst du denn nicht, dass sogar die Naht schon aufgeplatzt ist und die kratzige Füllwolle herausschaut?" Trotzig antwortet Annabella: „Wenn sie erst frisch geputzt und genäht ist, wird sie ein tolles Kuscheltier sein. Und vor allem wird sie nie so geschwätzig und vorlaut sein wie du!"

37.

lk:	welken, Balken, Wolke, Volk, Nelke
nk:	funkeln, Onkel, danken, Anker, krank
rk:	Werkzeug, parken, Birke, Marke, Gurke
lz:	wälzen, stolz, Salz, Holz, salzen
nz:	Pflanze, tanzen, einzeln, glänzen, ganz
rz:	Herz, kurz, Wurzel, scherzen, Schürze

38.
So könnte deine Lösung aussehen:

Tunwort	Namenwort	Zusammenges. Namenwort
salzen	das Salz	das Salzwasser
trinken	das Getränk	der Trinkhalm
glänzen	der Glanz	das Glanzpapier
scherzen	der Scherz	die Scherzfrage
parken	der Park	die Parkuhr
tanken	der Tank	die Tankstelle
tanzen	der Tanz	der Tanzabend

39.
Freie Übung; hier sollst du die acht Wörter der Liste auswendig auf die Zeilen schreiben.

40.
heizen – Heizung – verheizen
geizig – Geizhals – ehrgeizig
Reiz – reizend – reizen
schnäuzen – Schnauzbart – Schnauze
Käuzchen – Waldkauz – Kauz
Kreuzung – kreuzen – überkreuzen
Buchweizen – Weizen – Weizenkorn

Fitness-Station 3

1 B<u>a</u>hn – hell – H<u>a</u>ken – Rock – Gruppe – Strick – <u>O</u>fen – B<u>oo</u>t – Ball – Kamm – K<u>a</u>hn – H<u>a</u>hn – dick – fr<u>o</u>h – Jacke

2 Unr<u>a</u>t, Sch<u>u</u>tt, kap<u>u</u>tte S<u>o</u>cken,
Omas Möbel, alte Br<u>o</u>cken,
alte Töpfe, Pf<u>a</u>nnen, D<u>o</u>sen,
Opas lange Unterh<u>o</u>sen.

Was man nicht mehr haben will,
wandert still
in den Müll,
in den Müll.

Plattenspieler und Cassetten,
Farben, Säuren und Tabletten,
Waschmaschine, Gartenstühle,
Kühlschrank und die alte Spüle.
Was man nicht mehr haben will,
wandert still
in den Müll,
in den Müll.

Wenn wir so noch weitermachen,
gibt es bald nichts mehr zu lachen.
Und wir haben zur Belohnung
auf dem Müll bald unsre Wohnung.
Überall, wohin man will,
lagert still
nur noch Müll,
nur noch Müll,
nur noch Müll.

3

a)	richtig	f)	falsch
b)	falsch	g)	richtig
c)	falsch	h)	falsch
d)	falsch	i)	richtig
e)	richtig	j)	falsch

4 abgefüllt, Küchenabfall, wimmelt, Verbrennungsanlage, kippt, Müllmänner

5
a) Rock – Stock – Bock – Block
b) drücken – bücken – schmücken – pflücken
c) Decke – Hecke – Schnecke
d) Sack – Pack – Lack – Frack
e) Brücke – Lücke – Mücke – Tücke – Krücke
f) flicken – zwicken – stricken – schicken – blicken
g) Zweck – Scheck – Dreck – Fleck – Speck

6

a)	das Herz	i)	die Spitze
b)	die Hitze	j)	die Schattenpflanze
c)	der Geizhals	k)	der Tanzbär
d)	der Spielplatz	l)	die Pudelmütze
e)	heizen	m)	der Metzger
f)	der Fliegenpilz	n)	das Kochsalz
g)	der Wetzstein	o)	die Scherzfrage
h)	das Netz	p)	der Blitzableiter

7

a) der Glockenturm
b) der Onkel
c) die Wolldecke
d) die Salatgurke
e) das Bienenvolk
f) das Werkzeug
g) die Stechmücke
h) das Krankenhaus
i) die Zuckerdose
j) das Glück
k) die Schneeflocke
l) der Kartoffelsack
m) der Geschmack
n) die Kuschelecke
o) der Feuerschlucker
p) das Schneckenhaus

4 Wörter mit drei gleichen Buchstaben in Folge

41.
Diese Karten müssen miteinander verbunden werden:
Fußball + Länderspiel, Ballett + Tänzer, Schiff + Fahrt, See + Elefant, Schloss + Straße, Brenn + Nessel, Roll + Laden, Stall + Laterne

42.
Fußballländerspiel, Balletttänzer, Schifffahrt, Seeelefant, Schlossstraße, Brennnessel, Rollladen, Stalllaterne

43.
a) Kaff**eee**rnte
b) T**eee**i
c) Be**ttt**uch
d) Auspu**fff**lamme
e) Sto**fff**etzen
f) Sauersto**fff**lasche
g) Schri**ttt**empo
h) Beste**lll**iste

5 Wörter mit ss und ß

44.
Schluss, ausgelassen, lässt, Ohrensessel, muss, Mittagessen, lassen, vergessen, Nüsse, Wasserfall, dass, Bissen, essen, verlässt, Schlüsselblume

45.
Waagrecht: Kuss, nass, Messer, besser, wissen, Essen, Hass
Senkrecht: Fluss, Fass, Ass

46.
a) passen: es passt – der Reisepass – verpasst
b) essen: ich esse – das Essen – der Esstisch – essbar
c) lassen: du lässt – die Gelassenheit – zugelassen
d) messen: er misst – die Messlatte – vermessen
e) vergessen: wir vergessen – die Vergesslichkeit – das Vergissmeinnicht
f) hassen: er hasst – der Hass – hässlich

47.
großem, Fleiß, Floß, Floßfahrt, stößt, begrüßt, Spaß, fließt, genießt, Füße, Floß, schießt, bloß, weiß

48.
ß nach langem Selbstlaut: Straße, Schoß, stoßen, Ruß, Maß
ß nach langem Umlaut: begrüßen, Füße, Grüße, Gefäße, Späße
ß nach Doppellaut: heißen, gießen, genießen, fließen, abschließen

49.
a)   sprießen, gießen, fließen, schließen
b)   Floß, Kloß, Stoß, groß
c)   Fleiß, heiß, weiß
d)   Ruß, Fuß, Gruß

50.
a)   beschloss
b)   wusste
c)   schloss – heranschoss
d)   goss
e)   ließ

51.

Gegenwart	1. Vergangenheit
er beschließt	er beschloss
er weiß	er wusste
er schließt	er schloss
es gießt	es goss
er lässt	er ließ

52.

Gegenwart	1. Vergangenheit	2. Vergangenheit
er weiß	er wusste	er hat gewusst
sie vergisst	sie vergaß	sie hat vergessen
er beißt	er biss	er hat gebissen
er isst	er aß	er hat gegessen
er reißt	er riss	er hat gerissen

53.
Schnell gewinnt das Luftfahrrad an Höhe und gleitet ruhig über den Berggipfeln. „Wie froh bin ich, dass Sie uns gerettet haben!", ruft Valentin Donnerschlag erleichtert zu. „Ich hatte schon solche Angst, dass wir das Ufer nicht rechtzeitig erreichen könnten." Annabella unterbricht ihn mit einem lauten Niesen. „Ich hoffe nur, dass ihr beiden Abenteurer morgen nicht mit Fieber und Halsschmerzen im Bett liegt!", krächzt Grünschnabel. „Vielleicht hat Donnerschlag einen wärmenden Kräutertee, der euch vor einem riesigen Schnupfen verschont!"
Doch Donnerschlag antwortet nicht. Während er zur Landung ansetzt, murmelt er: „Ich muss euch gestehen, dass eigentlich ich an eurer gefährlichen Floßfahrt schuld bin. Ich habe einen Wetterzauber ausprobiert und nicht gewusst, dass ihr gerade unterwegs seid. Ich verspreche euch, dass ich morgen nur für euch bestes Wetter zaubere. Und als Entschädigung werdet ihr auf eurem Floß noch eine kleine Überraschung finden!"

54.
a) Lisa hat gehört, dass ein Zirkus in die Stadt kommt.
b) Johannes ist erstaunt, dass der Komet so hell leuchtet.
c) Vater verspricht Christian, dass sie nächstes Wochenende das Ritterturnier besuchen werden.
d) Moritz fürchtet, dass das Fußballspiel am Samstag ausfallen muss.
e) Sophie hofft, dass sie in den Ferien ihre Großeltern besuchen darf.
f) Michael schlägt Lena vor, dass sie den Kinderflohmarkt besuchen könnten.
g) Kathrin erzählt, dass sie beim Tauchen ein Seepferdchen gesehen hat.

Fitness-Station 4

1
a) das Holzfass
b) der Spaßvogel
c) das Brotmesser
d) die Begrüßung
e) vergesslich
f) die Suppentasse
g) das Holzfloß
h) abstoßen
i) genießen
j) die Gießkanne
k) das Straßenschild
l) Schwimmflossen
m) Flussufer
n) der Schlüsselbund
o) die Geburtstagsgrüße
p) der Reisepass
q) Kassenzettel
r) Kissenschlacht
s) Großstadt
t) Flüssigkeit
u) draußen
v) das Wasserschlösschen

2

Gegenwart	1. Vergangenheit	2. Vergangenheit
er lässt	er ließ	er hat gelassen
er vergisst	er vergaß	er hat vergessen
er schließt	er schloss	er hat geschlossen
sie isst	sie aß	sie hat gegessen
wir stoßen	wir stießen	wir sind gestoßen
es fließt	es floss	es ist geflossen
ich beiße ab	ich biss ab	ich habe abgebissen
er weiß	er wusste	er hat gewusst
sie reißen ab	sie rissen ab	sie haben abgerissen

3
a) Das Wetter ist herrlich.
b) Die Kinder freuen sich, dass sie heute eine Burgruine besichtigen.
c) Daniel hofft, dass sie ein Lagerfeuer machen dürfen.
d) Sarah fürchtet, dass die roten Waldameisen in ihre Sandalen krabbeln.
e) Florian streitet mit Stefan um das Grillwürstchen, das auf dem Spieß steckt.
f) Lena schaut durch das Fenster des Wachturms.
g) Alexander wünscht sich, dass er einmal die Ritterrüstung ausprobieren darf.
h) Die Lehrerin erzählt eine Geschichte über das kleine Schlossgespenst, das nachts durch die Burg geistert.

6 Sp / sp und St / st am Wortanfang

55.
a) Der Feuerschlucker Ali Bengali speit riesige Flammen aus seinem Mund.
b) Der Elefant Maxi spritzt den Clown Beppo nass.
c) Zwei Apfelschimmel tanzen stolz zur Walzermusik.
d) Der Jongleur Alfredo spielt gleichzeitig mit zwanzig Reifen.
e) Alle Löwen der Raubtiergruppe springen nacheinander
   durch brennende Reifen.
f) Der Schimpanse Bongo stibitzt das Mikrofon des Zirkusdirektors.
g) Der starke Herkules trägt auf seinen Schultern eine steile Pyramide
   aus acht Männern.

56.
Wörter mit St / st: stolz, stibitzt, starke, steile
Wörter mit Sp / sp: speit, spritzt, spielt, springen

57.
Wörter mit St / st: Straße, stechen, Strauß, Stamm, stricken
Wörter mit Sp / sp: Sprecher, sprudeln, Spruch, Spaß, Spuk

58.
a) sprechen: er spricht – der Spruch – die Fremdsprache
b) spritzen: er spritzt – die Spritze – spritzig
c) streiten: er streitet – der Streit – zerstritten
d) spielen: er spielt – das Brettspiel – verspielt
e) stechen: er sticht – der Mückenstich – gestochen
f) stricken: er strickt – die Stricknadel – verstrickt
g) springen: er springt – der Luftsprung – zersprungen

Fitness-Station 5

1
a) die Schaukel – der Spiegel – der Stängel
b) sprudeln – schwitzen – stecken
c) die Spalte – der Stecker – der Schwamm
d) der Sturz – der Schwarm – der Spuk
e) stolz – spitz – schmal
f) schlafen – stärken – spitzen

2
Sp: der Spiegel, der Spinat, die Spange, die Spalte, der Specht,
der Speicher, die Spende, der Sperling, die Spinne
St: der Stecker, der Stern, der Stein, der Stempel, die Stelle,
die Steppe, der Stich, der Stiefel, der Stift

7 Der x-Laut

59.
der Fuchs

60.
a) Luchs – Wuchs
b) Lachs – Wachs

61.
a) sechs
b) zweihundertsechsundzwanzig
c) sechshundertsechs
d) sechstausendsechzehn
e) sechzehntausendsechshundertsechsundsechzig

62.
Zu den möglichen Lösungen gehören folgende Wörter:
Namenwörter: Gewächs, Wildwuchs, Erwachsener, Wachstum, Gewächshaus
Tunwörter: anwachsen, entwachsen, zuwachsen, einwachsen, verwachsen
Wiewörter: verwachsen, bewachsen, erwachsen

63.
Klecks, Knacks, zwecks, schnurstracks, mucksmäuschenstill

64.
a) Kuckucksruf, Kuckucksei, Kuckucksuhr
b) Glücksfee, Glücksfall, Glückspfennig, Glückssträhne

65.
Freie Übung; hier sollst du die vier Wörter der Liste auswendig auf die Zeilen schreiben.

Fitness-Station 6

1
a) Onkel Bastian will für seinen Italienurlaub Geld wechseln.
b) Die Lehrerin verwechselt die Zwillinge Anna und Sophie.
c) Der Trainer muss den verletzten Stürmer auswechseln.
d) Im April kannst du oft sehen, wie sich Regenschauer, Gewitter und Sonnenschein abwechseln.

2
Diese Wörter passen in die Kästchen:
a) Fuchsbau
b) Lachsforelle
c) Silberfuchs
d) Auerochse
e) Dachse
f) Krustenechse
Diese Wörter passen nicht in die Kästchen: Wüstenfuchs, Dachshaare, Ochsenschwanz

3
a) Tintenklecks
b) Rettungsboot
c) unterwegs
d) mucksmäuschenstill
e) schnurstracks
f) Ausflugsziel
g) Geburtstagsfeier
h) mittags

4
a) *chs* – Bienenwachs, verwechseln, Achse, erwachsen, Ochse, drechseln
b) *x* – Taxi, Nixe, boxen, Mixer, Jux, Praxis
c) *cks* – Klecks, Kuckucksuhr, zwecks, Knacks, Glückspilz, schnurstracks
d) *gs* – sonntags, werktags, flugs, unterwegs, du magst, mittags

8 Wörter mit V / v

66.
Heute ist Valentins großer Tag. Annabella ist erleichtert, dass ihr Geschenk gerade noch rechtzeitig zur Geburtstagsfeier fertig wurde. Es hat viel Mühe gekostet, einen Pullover mit einem Vogel zu besticken, der Grünschnabel ähnlich sieht. Annabella und Grünschnabel sind noch ein Stück von Valentins Haus entfernt, als sie schon eine fetzige Melodie hören. „Das wird bestimmt Eva sein, die auf dem Klavier ein Geburtstagslied spielt!", ruft die kleine Hexe freudig aus. Valentin hat für seine Gäste den Tisch mit vielen Veilchen geschmückt und Vanillepudding mit Waldbeergrütze vorbereitet.
Als Annabella nach dem Essen ihr Geschenk überreichen möchte, schaut sie verdutzt um sich. Ihr Geschenkpaket ist verschwunden! Obwohl alle Gäste eifrig beim Suchen helfen, bleibt es wie vom Erdboden verschluckt.
Plötzlich tönt vom Dachfirst ein lautes Krächzen, das wie ein schelmisches Lachen klingt. Hoch oben hat sich Grünschnabel versteckt – nein, eigentlich haben sich da oben zwei Grünschnäbel versteckt. Annabellas Papagei hat sich nämlich voller Stolz den Pullover mit seinem Doppelgänger darauf übergestreift. Vorlaut wie immer meint er: „Hallo, Valentin! Hast du für mich auch zwei Portionen Vanillepudding vorbereitet? Zwei Vögel verschlingen eben eine doppelte Portion!"

67.

V / v wie *w* gesprochen	*V / v* wie *f* gesprochen
Vase	Verkehr
Video	davon
Violine	Vogel
nervös	Versteck
Serviette	verschenken
Pullover	brav
Vulkan	voll

68.
a) Valentin stellt Annabellas Blumen in die Vase.
b) Eva spielt auf der Violine wilde Hexenmusik.
c) Grünschnabel trägt Valentins Pullover.
d) Florian schenkt dem Geburtstagskind einen Videofilm.
e) Für den Geburtstagstisch hat Valentin heute Servietten gefaltet.
f) Valentin freut sich sehr über das Buch mit feuerspeienden Vulkanen.
g) Grünschnabel schnappt sich ein Riesenstück der Geburtstagtorte und fliegt damit schnell in sein geheimes Versteck.

69.
verkleiden, verstecken, versprechen, verkaufen, verlosen, verglühen, verheizen
verbinden, versuchen, verhindern, verraten, verirren, verdienen, verkratzen

70.
Vorspeise, Vorstellung, Vorfahrt, Vorbild, Vordach, Vorteil, Vorfreude
Vorsprung, Vorgarten, Vorhang, Vorliebe, Vorrat, Vorschlag, Vorführung

71.
Viele Kinder fielen über knorrige Baumwurzeln.

72.
a) Valentins Idee, eine Schnitzeljagd zu veranstalten, gefiel seinen Gästen.
b) Wie viel Mühe hat er sich bei der Vorbereitung gegeben!
c) Auf einem Hinweisschild stand: „Sammelt möglichst viel trockenes Holz!"
d) Eva fiel bei der Suche nach Holz beinahe in den Eingang eines Dachsbaus.
e) Das Holzsammeln machte den Kindern viel Spaß.
f) Sie legten das Holz auf einen großen Haufen, der fast umfiel.
g) Wozu braucht Valentin eigentlich so viel Holz?
h) Annabella fiel es plötzlich wie Schuppen von den Augen:
Das wird bestimmt ein Lagerfeuer geben!

Fitness-Station 7

1 Vulkan, Kurve, Pulver, Klavier, Vogel, Vase, Veilchen

2 Serviette, Vitamin, Vollkornbrot, Pullover, verblüffen

3
a) der Vorschlag
b) das Ferienlager
c) verflixt
d) der Fernlastzug
e) verbinden
f) vorstellen
g) vorsichtig
h) der Verkäufer
i) fertig
j) der Vergnügungspark
k) das Versteck
l) versuchen
m) die Fernsehsendung
n) die Verkleidung
o) die Fernbedienung
p) zuverlässig
q) die Turnvorführung
r) das Fertighaus
s) verjagen
t) die Ferse

4
a) vielfach – sie fiel durch – Vielfraß
b) es fiel ab – wie viel – vielleicht
c) vielmals – er fiel um – es zerfiel
d) es verfiel – so viel – viel versprechend
e) Vielzahl – es gefiel – vielmals

9 Seltene Wörter mit ai

73.
a) MAI
b) WAISE
c) LAICH
d) KAI
e) SAITE
f) HAI
g) TAIFUN
h) MAIS
i) LAIB
j) KAISER

74.
Die einzelnen Wörter in der Spirale sind: Laib, reiten, leise, Saite, Seite, Hai, Pfeil, Kaiser, Mai, Kleid, Seil, Laich, Meile, Leib, Brei, Waise, weise
Die Wörter mit ai in der Spirale sind: Laib, Saite, Hai, Kaiser, Mai, Laich, Waise

Fitness-Station 8

1
a) Die Kinder rösten am Lagerfeuer Maiskolben.
b) Valentin schneidet einen großen Laib Brot auf.
c) Bei Evas Gitarre ist eine Saite gerissen.
d) Am Rande der Lichtung blühen Maiglöckchen.
e) Im Frühling machen sich die Frösche auf den Weg zu ihrem Laichplatz.
f) Ein schrecklicher Taifun fegt über die Insel und zerstört viele Häuser.

2
a) Maisfeld
b) Saiteninstrument
c) Kaisersaal
d) Weisheit
e) Buchseite
f) Käselaib
g) Leibspeise
h) Laichplatz
i) Kai
j) Mairegen
k) verwaist
l) Haifisch

10 Wörter trennen

75.
Freie Übung; hier sollst du nur den Zauberspruch laut
(und getrennt nach Silben) nachsprechen und bei jeder Silbe
in die Hände klatschen.

76.
Feu|er, qual|men, Streich|holz, Holz|stü|cke, Blitz, Er|leb|nis, Fun|ken|flug, Ra|ke|te, ent|zün|den, Zwei|ge, leuch|ten, ju|beln, Wald|bo|den, Wär|me, fun|keln, Glut, Freu|de

77.
Wörter mit A: A|bend, A|cker, A|ben|teu|er, A|mei|se
Wörter mit E: E|cho, E|feu, E|cke, E|sel
Wörter mit I: I|ris, I|ta|li|en, I|gel, I|dee
Wörter mit O: O|ze|an, O|li|ve, O|ber, O|fen
Wörter mit U: U|fer, U|hu, U|ni|form, U|ten|sil

78.
Ta|sche, zi|schen, ki|chern, Wä|sche, ba|cken, mi|schen, De|cke, rie|chen, lö|schen, We|cker, brau|chen, Lü|cke

79.
a) Lü|cke, Lücke – Brü|cke, Brücke – De|cke, Decke –
Schne|cke, Schnecke – So|cke, Socke – Glo|cke, Glocke –
He|cke, Hecke – Ba|cke, Backe
b) drü|cken, drücken – pa|cken, packen – pflü|cken, pflücken –
bli|cken, blicken – schmü|cken, schmücken – stri|cken, stricken –
bü|cken, bücken – zwi|cken, zwicken – ste|cken, stecken

80.
a) klet|tern, klir|ren, ren|nen, wis|sen, kom|men, fal|len, don|nern
b) Wet|te, Zet|tel, Ret|tung, Gum|mi, Wan|ne, Schlüs|sel

81.
Nur diese Wörter darfst du trennen:
a) ren|nen
b) brum|men
c) bren|nen
d) fal|len
e) kom|men
f) bel|len
g) sum|men
h) ken|nen

82.
a) Im Som-mer sam-melt An-na-bel-la ger-ne Ho-lun-der-blät-ter.
b) Grün-schna-bel plät-schert im Brun-nen hin-ter dem Schup-pen.
c) Va-len-tin hat das Wett-ren-nen ge-gen Don-ner-schlag ge-won-nen.
d) Vam-pi-ri-na strickt aus hel-ler Wol-le ei-nen Win-ter-pul-li.
e) An-na-bel-las Som-mer-spros-sen ge-fal-len Va-len-tin.
f) Vam-pi-ri-nas Fle-der-mäu-se flat-tern durch
das Kel-ler-ge-wöl-be.

83.
a) Töpfe
b) Apfel
c) Hitze
d) Katze
e) Gipfel
f) hüpfen
g) putzen
h) stopfen
i) Spritze
j) schimpfen
k) schmutzig
l) verletzen

84.
Wörter mit tz: Hit-ze, Kat-ze, put-zen, Sprit-ze, schmut-zig, ver-let-zen
Wörter mit pf: Töp-fe, Ap-fel, Gip-fel, hüp-fen, stop-fen, schimp-fen

85.
a) Fenster – Fens-ter
b) Reste – Res-te
c) Pflaster – Pflas-ter
d) Bürste – Bürs-te
e) Küste – Küs-te
f) Muster – Mus-ter
g) Weste – Wes-te
h) Würste – Würs-te
i) Förster – Förs-ter
j) Fäuste – Fäus-te

86.
a) listig – lis-tig
b) rosten – ros-ten
c) testen – tes-ten
d) hasten – has-ten
e) finster – fins-ter
f) Kisten – Kis-ten *oder:* kosten – kos-ten

87.
a) hin-auf, hi-nauf
b) her-um, he-rum
c) dar-um, da-rum
d) wor-über, wo-rüber
e) wor-an, wo-ran
f) dar-auf, da-rauf
g) her-ein, he-rein
h) hin-über, hi-nüber
i) dar-unter, da-runter
j) wor-aus, wo-raus

Fitness-Station 9

Das Feu|er
Hörst du, wie die Flam|men flüs|tern,
kni|cken, kna|cken, kra|chen, knis|tern,
wie das Feu|er rauscht und saust,
bro|delt, brut|zelt, brennt und braust.

Siehst du, wie die Flam|men le|cken,
zün|geln und die Zun|ge ble|cken,
wie das Feu|er tanzt und zuckt,
tro|cke|ne Höl|zer schlingt und schluckt?

Riechst du, wie die Flam|men rau|chen,
brenz|lig, brutz|lig, bran|dig schmau|chen,
wie das Feu|er, rot und schwarz,
duf|tet, schmeckt nach Pech und Harz?

Fühlst du, wie die Flam|men schwär|men,
Glut aus|hau|chen, woh|lig wär|men,
wie das Feu|er flack|rig-wild,
dich in war|me Wel|len hüllt?

Hörst du, wie es lei|ser knackt?
Siehst du, wie es mat|ter flackt?
Riechst du, wie der Rauch ver|zieht?
Fühlst du, wie die Wär|me flieht?

Klei|ner wird der Feu|er|braus:
ein letz|tes Knis|tern ...
ein fei|nes Flüs|tern ...
ein schwa|ches Zün|geln ...
ein dün|nes Rin|geln ...
aus.

11 Die Vorsilben zer- / ent- / aus-

88.
Als Annabella und Valentin durch den Wald streifen, <u>entdecken</u> sie, wie aus Vampirinas Mühlenhaus orange-blauer Rauch aufsteigt. Von den Rauchschwaden beunruhigt, <u>entschließen</u> sie sich nach Vampirina zu schauen. Die Tür steht weit offen. Die Mühlenhexe <u>entschuldigt</u> sich für den scheußlichen Gestank: „Ich bereite ein Zauberjuckpulver zu. Ich kann es nicht mehr sehen, wie die Leute in unserem Wald ihren Müll abladen oder Flaschen mit giftigem Inhalt <u>entleeren</u>. Solche Umweltverschmutzer!"
„Aber was willst du dagegen tun?", fragt Annabella. Da <u>entgegnet</u> die Mühlenhexe listig: „Ich werde mein Zauberjuckpulver an diesen wilden Müllkippen <u>ausstreuen</u>. Sobald ein Umweltsünder hineintritt, wird es ihn am ganzen Körper so jucken, dass er gar nicht dazukommt, seinen Müll abzuladen."
„Genial!", <u>entfährt</u> es Annabella. „Ich habe frische Brennnesseln <u>zerstoßen</u>, einen Stängel Herkulesstaude <u>zerrieben</u>, getrocknete Ameisensäure <u>zermahlen</u> und alles mit weißem Pfeffer vermischt. Das ist wahre Hexenkunst! Kommt, wir werden es gleich <u>ausprobieren</u>!", fordert Vampirina ihre Besucher voller Tatendrang auf.

89.
entdecken, entschließen, entschuldigen, entleeren, entgegnen, entfahren

90.
entfesseln, entwickeln, entsaften, entlassen, entfliehen, entkommen, entreißen, entspannen
entzücken, entwerfen, entwischen, entfalten, entscheiden, entziffern, entlaufen, entschuldigen

91.
der Endbahnhof, der Endlauf, die Endsumme, der Endbuchstabe, die Endstation, der Endspurt, die Endrunde, das Endergebnis

92.
zer: zerbrechen, zerkleinern, zerknittern, zerdrücken, zerlassen, zerlegen, zerknüllen
aus: ausatmen, ausfallen, auswechseln, ausweichen, ausmalen, ausbessern, ausleihen

93.
aussprechen, aussperren, ausspannen, aussteigen, ausstellen, aussetzen, ausspülen

Fitness-Station 10

1
a) ausgeben, ausmalen, ausrutschen, aussuchen, auswaschen, ausholen
b) zerbrechen, zerkleinern, zerknittern, zerkratzen

2
a) endgültig – entgleisen – entkernen
b) entmutigen – Endspurt – Endsumme
c) Entschluss – endlos – Entfernung
d) Entdeckung – endlich – Endergebnis

3
a) Vampirina entdeckt eine wilde Müllhalde.
b) Sie ist entrüstet.
c) Sie kann das Verhalten der Umweltsünder nicht verstehen.
d) Sie entschließt sich, endlich etwas dagegen zu unternehmen.
e) Deswegen hat sie sich ein Zauberbuch ausgeliehen.
f) Für das Juckpulver muss sie alle Zutaten zerkleinern.
g) Aus ihrer Vorratskammer entnimmt sie grob gemahlenen Pfeffer.
h) Jetzt kann sie das Pulver im Wald verstreuen (*oder:* ausstreuen).

12 Anredefürwörter

94.
Lieber Tom,
ich lade dich zu einer Flugnacht am nächsten Sonntagabend herzlich ein.
Kommst du auf deinem Turbo-Staubsauger?
Wer die kühnsten Flugkunststücke vorführen kann, bekommt den Pokal „Goldene Fledermaus".
Vielleicht möchte deine Schwester mit ihrem knallroten Düsen-Zauberstab auch am Wettbewerb teilnehmen?
Ich sende euch beiden liebe Hexengrüße –
euer Valentin

95.
Sehr geehrter Herr Donnerschlag,
ich lade Sie zu einer Flugnacht am nächsten Samstagabend herzlich ein.
Kommen Sie doch bitte auf Ihrem Luftfahrrad! Ist es Ihnen möglich, für dieses Fest eine sternenklare Nacht zu zaubern?
Herzliche Hexengrüße sendet Ihnen
Ihr Valentin

Fitness-Station 11

a) Lieber Herr Nachtauge,
Sie wurden uns als Spezialist für Fledermäuse empfohlen. Wir würden uns freuen, wenn Sie an unserer Schule einen Vortrag über diese geschützten Tiere halten könnten. Wir hoffen, dass Sie uns Ihre Dias und Schautafeln zeigen.
Ihre Klasse 4b

b) Liebe Laura,
ich wünsche dir zu deinem Geburtstag alles Liebe. Es tut mir Leid, dass ich dich an deinem Festtag nicht persönlich besuchen kann. Trotzdem hoffe ich, dass dir diese Freikarte für den Kinofilm „Das Dschungelbuch" Freude macht.
Ich umarme dich und wünsche dir zwei fröhliche Stunden im Kino.
Liebe Grüße von
deiner Tante Klara

c) Sehr geehrte Frau Flora Tulpenstängel,
wir wollen auf unserem Schulgelände einen Naturgarten anlegen. Könnten Sie uns bitte eine Liste mit einheimischen Pflanzen schicken? Wir würden Sie auch gerne einmal in Ihrer Gärtnerei besuchen, um von Ihnen ein paar Pflegetipps zu bekommen.
Ihre Schulgartengruppe „Bienenschwarm"

13 Satzzeichen bei der wörtlichen Rede

96.
Die Redebegleitsätze sind hier einfach, die wörtlichen Reden doppelt unterstrichen.

a) Tom erzählt: „Ich fliege auf meinem Turbo-Staubsauger mit Solarantrieb wie eine Rakete zum Sternenhimmel!"

b) Julia berichtet über ihr Fluggerät: „Mit meinem knallroten Düsen-Zauberstab drehe ich über euren Köpfen schnelle Runden. Dabei wird der Zauberstab meinen Namen aus vielen Glitzerpunkten an den Himmel schreiben."

c) Andreas behauptet: „So ein tolles Fluggerät wie meinen Lenkdrachen mit seinen bunten Bändern habt ihr noch nie gesehen! Damit kann ich stundenlang in der Luft bleiben und herrliche Loopings drehen!"

d) Die „wilden Vier" geben Auskunft: „Wir fliegen gleichzeitig mit unseren ultramodernen Leichtflugbesen schwierige Figuren wie Achter und waghalsige Überschläge."

97.
a) Annabella ruft aus: „Oh, so einen Überschlag habe ich noch nie gesehen!"
b) Benjamin meint: „Bis ich so ein Kunststück beherrsche, muss ich noch lange üben."
c) Carolin schwärmt: „Schau nur, welch herrliche Glitzerschrift Julias Zauberstab an den Himmel schreibt!"
d) Moritz staunt: „Oh! Siehst du, wie wunderschön die bunten Bänder des Lenkdrachens im Nachtwind flattern?"

98.
a) „Ihr Jungs achtet immer auf Geschwindigkeit", entgegnet Annabella empört.
b) „Wen schlägst du dann als Sieger vor?", fragt Donnerschlag interessiert.
c) „Die Entscheidung ist wirklich nicht leicht!", seufzt Annabella.
d) „Hat jeder von euch seinen persönlichen Sieger?", möchte Valentin wissen.
e) „Dann schreibt seinen Namen verdeckt auf einen Zettel. Wer die meisten Stimmen bekommt, hat gewonnen", schlägt Valentin vor.

Fitness-Station 12

1
a) Sandra jubelt: „Ich habe den Wettlauf gewonnen!"
b) Simon verrät seiner Oma: „Ich wünsche mir so sehr ein ferngesteuertes Auto!"
c) Vater ruft: „Komm, wir reparieren deinen Fahrradreifen!"
d) Anna freut sich: „Am Wochenende fahre ich mit der Jugendgruppe ins Zeltlager!"
e) Oma ruft die Kinder: „Der Apfelkuchen ist fertig!"
f) Jan telefoniert mit Uwe: „Morgen Nachmittag um vier Uhr hole ich dich zum Handballspielen ab."

2
a) Zwei Luftballons fliegen durch die Wüste. Der eine meint: „Achtung! Da vorne kommt ein Kaktusssssss!"
b) Der Lehrer fragt Tom: „Kennst du sieben Tiere aus Afrika?" Tom antwortet: „Sieben Löwen."
c) „Hitze dehnt aus, Kälte zieht zusammen. Wer weiß ein Beispiel?", will der Lehrer wissen. „Die Ferien im Sommer dauern sechs Wochen, die im Winter nur zwei Wochen," antwortet Anja.
d) „Treibst du Sport?", fragt Onkel Michael. Simon antwortet: „Na klar! Ich spiele Fußball, Tennis, gehe zum Schwimmen und mache Leichtathletik." Onkel Michael ruft aus: „Das ist ja enorm! Wann machst du das alles?" – „Morgen fange ich damit an," antwortet Simon.
e) Stefan schenkt seiner Tante ein Bonbon. „Hat's geschmeckt?", fragt er kurze Zeit später. „Oh ja, es war himmlisch!", schwärmt die Tante. Peter meint: „Komisch! Dann möchte ich wissen, warum es der Hund und die Katze ausgespuckt haben."

Namenwörter aus Tunwörtern und Wiewörtern

7. Unterstreiche jeweils im ersten Satz das Tunwort.
Bilde dann aus dem Tunwort ein Namenwort und ergänze damit den zweiten Satz.

a) Die Schulkinder <u>lachen</u>.

Das _Lachen_ der Schulkinder schallt durch das ganze Haus.

b) Valentin <u>singt</u>.

Das _Singen_ von Valentin gefällt Annabella.

c) Frau Naseweis <u>schimpft</u>.

Das _Schimpfen_ von Frau Naseweis hört der Hausmeister.

d) Die Schultafel <u>quietscht</u>.

Das _Quietschen_ der Schultafel stört die Kinder.

e) Annabella <u>rechnet</u>.

Das _Rechnen_ macht Annabella Spaß.

f) Die Hexenkinder <u>verkleiden</u> sich.

Das _Verkleiden_ der Hexenkinder dauert lange.

1 Großschreibung von Namenwörtern

Valentin entdeckt noch zwei weitere Schilder:

> **Zum Ausprobieren** von wildem Hexengeheul bitte ins Kellergewölbe gehen!

> **Beim Rechnen** darf kein Zauberstab verwendet werden!

Tipp: Hinter den Wörtern *am, im, zum, beim* und *vom* verbirgt sich der Begleiter *dem*. Deshalb wird auch hier das Tunwort zum Namenwort:

bei dem Rechnen → beim Rechnen
zu dem Ausprobieren → zum Ausprobieren

8. An der Pinnwand der Hexenschule hängen viele kleine Zettel. Du findest bestimmt für jedes Zettelchen das passende Tunwort, das hier als Namenwort verwendet wird.
Schreibe es in die Lücken.

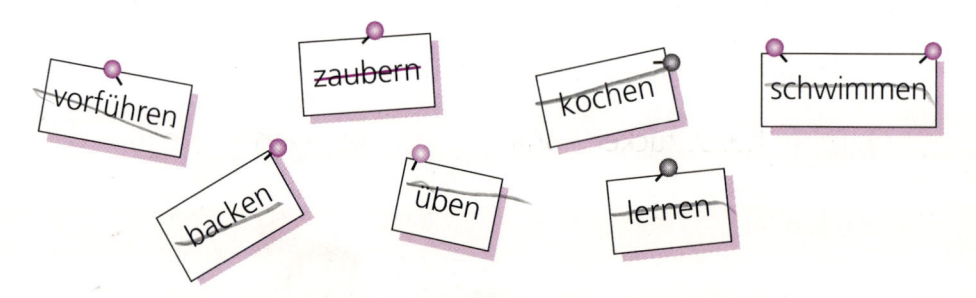

vorführen, zaubern, kochen, schwimmen, backen, üben, lernen

a) Zaubermeister Donnerschlag erteilt am Freitagnachmittag Unterricht im _Zaubern_ von Donnerschlägen und Kugelblitzen.

b) Zum _Kochen_ unserer Siebenkräutersuppe bitte morgen frische Kräuter mitbringen!

c) Zum _Lernen_ der Hexensongs für das Schulfest bitte nächsten Dienstag um 15 Uhr in den Musiksaal kommen!

d) Beim _Schwimmen_ im Silbersee hat Annabella den 1. Platz belegt.

e) Vom _Backen_ unserer Riesen-Waldbeerentorte sind noch einige Tortenstücke übrig. Bitte in der Hexenküche abholen!

f) Das _Vorführen_ neuer Zauberkunststücke findet nächstes Wochenende bei Vollmond statt.

g) Wer hat Spaß am _Üben_ von Jonglier-Kunststücken? Bitte bei Frau Naseweis melden!

Namenwörter mit den Nachsilben -heit / -keit / -ung / -nis

Frau Naseweis hat für ihre Klasse eine Überraschung.
Sie sagt: „Bei Einbruch der Dunkelheit treffen wir uns heute bei der alten Eiche zu einer nächtlichen Wanderung."

Das muss ich mir merken: Aus Wiewörtern und Tunwörtern kann ich mit den Nachsilben -ung, -heit und -keit Namenwörter bilden.

1 Großschreibung von Namenwörtern

9. Ergänze die Fortsetzung der Geschichte, indem du aus dem angegebenen Wiewort oder Tunwort ein sinnvolles Namenwort bildest und einsetzt.

Voller __Erwartung__ (erwarten) brechen die Kinder am Abend auf. Gebannt hören sie der __Erzählung__ (erzählen) ihrer Lehrerin Naseweis über Waldgeister zu.

Da nimmt Annabella eine leichte __Bewegung__ (bewegen) im Gebüsch wahr. Da! Wieder ein Rascheln! „Ob das wohl Waldgeister sind?", überlegt Annabella. Plötzlich hört sie ein ärgerliches Krächzen. Mit großer __Tapferkeit__ (tapfer) schleicht sie hinter die Büsche.

Welch eine __Überraschung__ (überraschen)! Es ist Grünschnabel, Annabellas Papagei, der nicht allein zu Hause bleiben wollte.

„Wie siehst denn du aus?", ruft Annabella entsetzt. „Wo ist die __Schönheit__ (schön) deiner Federn geblieben?"

„Das ist __Tarnung__ (tarnen)", antwortet Grünschnabel stolz. „Ich habe mich ausgiebig in der Asche des Backofens gewälzt, damit ich in der __Dunkelheit__ (dunkel) nicht gleich gesehen werde."

Namenwörter mit den Nachsilben -heit / -keit / -ung / -nis

10. Bilde Namenwörter, die auf *ung, heit* oder *keit* enden. Schreibe sie auf die Zeilen und denke dabei an die Großschreibung.

pünktlich, erklären, ähnlich, krank, beleidigen, schön, schwierig, entschuldigen, versichern, hell, feige, zeichnen, gemütlich, gesund, leicht, heiter, klug, überlegen, wohnen, dumm

heit | **keit** Leichtigkeit | **ung**

Feigheit | ~~Leichter~~ | Zeichnung
Klugheit | Heiterkeit | Entschuldigung
Gesundheit | Krankheit | Versicherung
Gemütlichkeit | Schwierigkeit | Beleidigung
Dummheit | Ähnlichkeit | Erklärung
Überlegenheit | Pünktlichkeit | Wohnung
Schönheit

1 Großschreibung von Namenwörtern

Ein Tipp: Wörter mit der Nachsilbe *nis* sind auch Namenwörter, die großgeschrieben werden.
Vorsicht bei der Mehrzahlbildung! Aus *nis* wird *nisse*
(Einzahl: *Hindernis* – Mehrzahl: *Hindernisse*).

11. Von den Wörtern im Sternenwirbel kannst du Namenwörter mit der Nachsilbe *nis* bilden. Schreibe sie in der Einzahl und Mehrzahl auf die Zeilen.

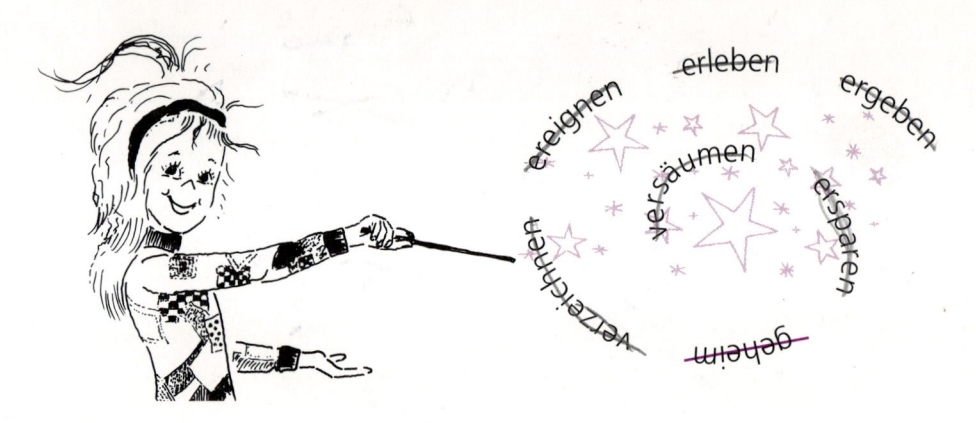

Wiewort	Namenwort Einzahl	Namenwort Mehrzahl
geheim	das Geheimnis	die Geheimnisse
verzeichnen	das Verzeichnis	die Verzeichnisse
ereignen	das Ereignis	die Ereignisse
erleben	das Erlebnis	die Erlebnisse
ergeben	das Ergebnis	die Ergebnisse
ersparen	das Ersparnis	die Ersparnisse
versäumen	das Versäumnis	die Versäumnisse

Fitness-Station 1

Am Ende jeder Lerneinheit kannst du testen, ob du alles verstanden hast und fit im Rechtschreiben bist. Zeige, was du gelernt hat.

1 Kreuze nur die abstrakten Namenwörter an.

Wut	☒	Schadenfreude	☒
Bild	☐	Freundschaft	☒
Furcht	☒	Schmerz	☒
Sonne	☐	Zeitung	☐
Neid	☒	Zorn	☒
Zirkus	☐	Kummer	☒
Idee	☒	Spiel	☐

2 Bilde neue Namenwörter und schreibe sie auf die Zeilen.

a)

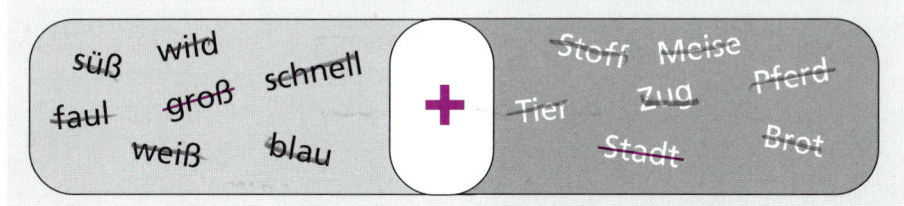

~~süß~~   ~~wild~~   schnell   ~~Stoff~~   ~~Meise~~   ~~Pferd~~
~~faul~~ ~~groß~~   + ~~Tier~~   ~~Zug~~
        ~~weiß~~   ~~blau~~   ~~Stadt~~   ~~Brot~~

Großstadt, Wildpferd, Weißbrot, Faultier, Schnellzug, Blaumeise, Süßstoff

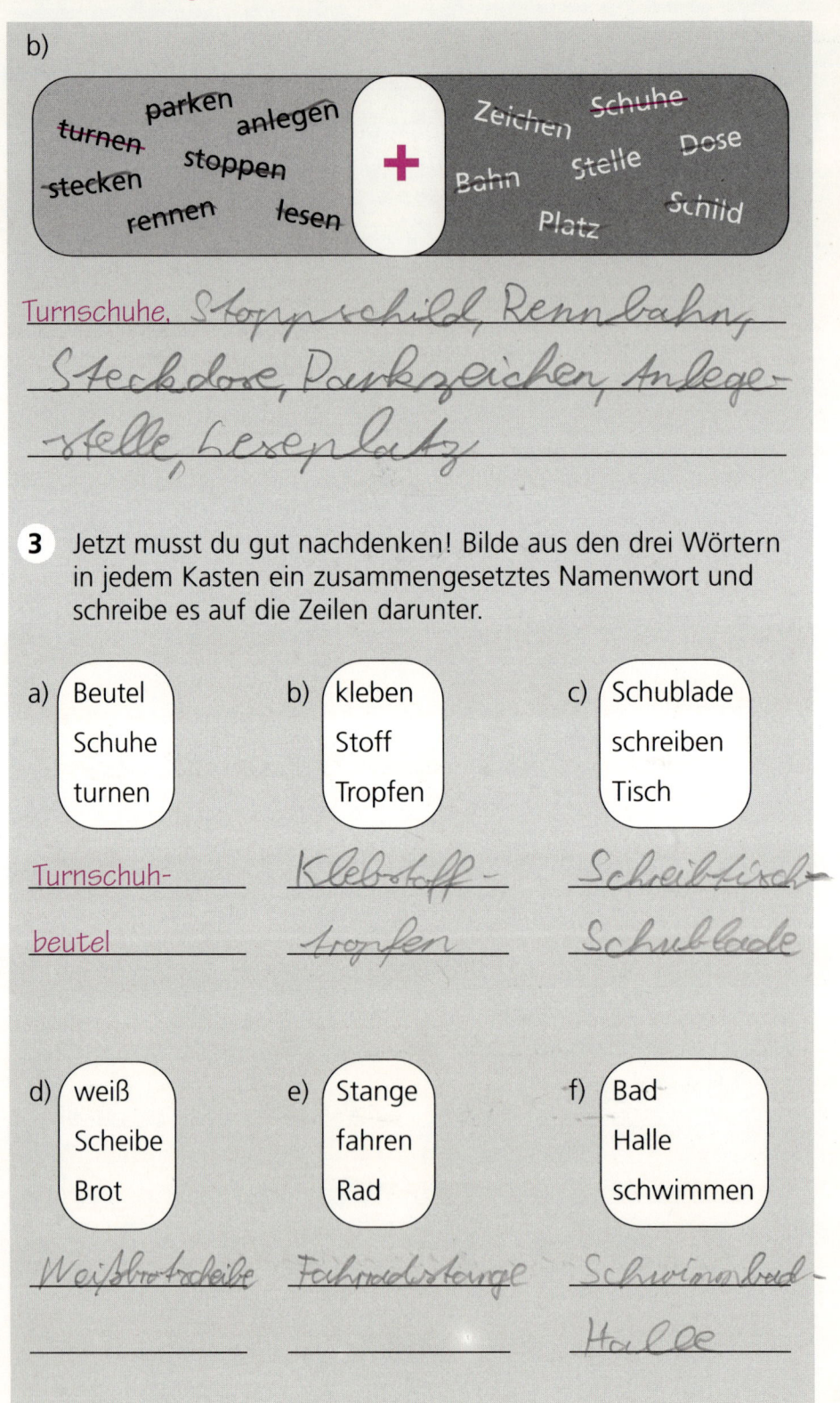

1   Großschreibung von Namenwörtern

b)

turnen, parken, anlegen, stecken, stoppen, rennen, lesen + Zeichen, Schuhe, Bahn, Stelle, Dose, Platz, Schild

Turnschuhe, Stoppschild, Rennbahn, Steckdose, Parkzeichen, Anlegestelle, Leseplatz

3 Jetzt musst du gut nachdenken! Bilde aus den drei Wörtern in jedem Kasten ein zusammengesetztes Namenwort und schreibe es auf die Zeilen darunter.

a) Beutel / Schuhe / turnen

Turnschuhbeutel

b) kleben / Stoff / Tropfen

Klebstofftropfen

c) Schublade / schreiben / Tisch

Schreibtischschublade

d) weiß / Scheibe / Brot

Weißbrotscheibe

e) Stange / fahren / Rad

Fahrradstange

f) Bad / Halle / schwimmen

Schwimmbadhalle

Fitness-Station 1

4 Entscheide, ob du das angegebene Wort
als Tunwort oder als Namenwort einsetzen musst.
Ergänze dann die Lücken.

a) grollen

Der Donner _grollt_.

Das _Grollen_ des Donners ist weit zu hören.

b) brummen

Der Motor _brummt_.

Das _Brummen_ des Motors stört

den Nachbarn.

c) spielen

Oma beobachtet die Kinder beim _spielen_.

Die Kinder _spielen_ im Garten Fußball.

d) betreten

Das _Betreten_ des Rasens ist verboten.

Tante Claudia und Onkel Thomas

betreten das Kinderzimmer.

e) schwimmen

Katharina _schwimmt_ im See.

Sie geht gerne zum _Schwimmen_.

1 Großschreibung von Namenwörtern

f) **lesen**

Beim _Lesen_ liegt Tonio gern in seiner Hängematte.

Er _liest_ eine Detektivgeschichte.

g) **lachen**

Alexander _lacht_ über den Clown.

Vor _Lachen_ hält er sich den Bauch.

Das laute _Lachen_ der Zuschauer gefällt dem Clown.

5 Bilde möglichst viele sinnvolle Namenwörter und schreibe sie in der Einzahl auf die Zeilen der nächsten Seite.

heit

~~wirklich~~ munter
~~verspäten~~ sanft ~~heiser~~
~~wandern~~ bilden begrüßen
~~übel~~ ~~üben~~ kennen ~~finster~~
~~erholen~~ erleben
~~unsicher~~

keit **ung**

nis

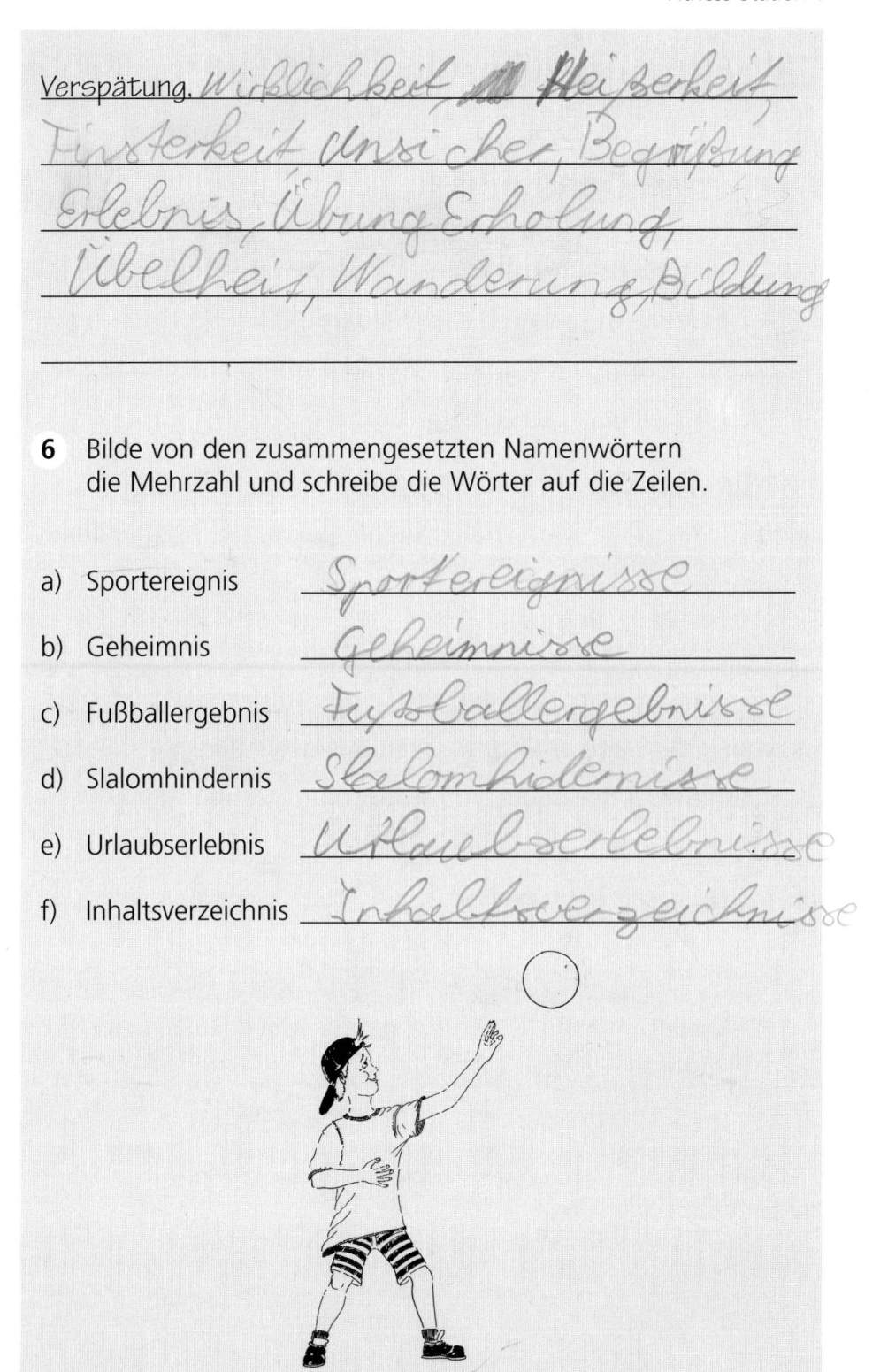

Verspätung, Wirklichkeit, ~~Heiserkeit~~, Finsterkeit, Unsicher, Begrüßung, Erlebnis, Übung, Erholung, Übelkeit, Wanderung, Bildung

6 Bilde von den zusammengesetzten Namenwörtern die Mehrzahl und schreibe die Wörter auf die Zeilen.

a) Sportereignis — Sportereignisse
b) Geheimnis — Geheimnisse
c) Fußballergebnis — Fusballergebnisse
d) Slalomhindernis — Slalomhindernisse
e) Urlaubserlebnis — Urlaubserlebnisse
f) Inhaltsverzeichnis — Inhaltsverzeichnisse

2 Wörter mit langem Selbstlaut

Wörter mit Dehnungs-h

Das Ziel der nächtlichen Wanderung ist die alte Mühle. Kühle Nachtluft weht durch den Wald und lässt die Fackeln der Kinder bedrohlich flackern. Von fern hören alle den Schlag der Kirchturmglocke. Es ist zehn Uhr.

Die Lehrerin mahnt zur Eile. „Geht doch etwas schneller, damit wir noch vor Mitternacht die Wohnung der Mühlenhexe Vampirina erreichen."

Plötzlich taucht eine große Zahl von Fledermäusen über den Köpfen der Wanderer auf. Die Kinder fühlen sich bedroht. Sie wollen die Tiere abwehren. Frau Naseweis beruhigt: „Das sind die Fledermäuse von Vampirina. Sie sind nicht gefährlich. Vampirina hat sie wahrscheinlich ausgeschickt um zu sehen, wo wir bleiben!"

12. Unterstreiche in der Geschichte alle Wörter mit Dehnungs-h farbig. Sprich die Wörter dabei deutlich aus. Hörst du den lang gesprochenen Selbstlaut oder Umlaut vor dem *h*?

Das weiß ich schon: Bei Wörtern mit Dehnungs-h klingt der Selbstlaut oder Umlaut lang.

Wörter mit Dehnungs-h

13. Ordne die unterstrichenen Wörter ein. Sprich sie nochmals laut und setze unter den lang gesprochenen Selbstlaut oder Umlaut einen langen Strich.

ah mahnt, Zahl, wahrscheinlich

eh weht, zehn, Lehrerin, geht, abwehren,

oh bedrohlich, Wohnung, bdroht

uh beruhigt,

äh gefährlich,

üh Mühle, kühle, Mühlhexe fühlen

14. Bist du ein Reimprofi? Suche alle Reimwörter, die zusammengehören. Schreibe sie nebeneinander auf die Zeilen der nächsten Seite.

stehen	Zahn	Dohle	Hohn	nähen
gehen	krähen	Sohn	Floh	drehen
Bahn	Mohn	Kohle	Hahn	wehen
mähen	Lohn	Sohle	Stroh	froh

2 Wörter mit langem Selbstlaut

<u>Zahn, Hahn, Bahn,</u> gehen, stehen, wehen, drehen, mähen, krähen, nähen, Mohn, Lohn, Hohn, Dohle, Kohle, Sohle, Strohm, froh, Floh, roh,

Tipp: Mit *ih* gibt es nur wenige Wörter.
Es sind insgesamt sechs Fürwörter.
Präge sie dir gut ein:

ihm	ihn	ihr
ihrem	ihren	ihre

15. Ergänze die Sätze mit dem passenden Fürwort.

a) Vampirina wartet auf _ihren_ Besuch.

b) Sie hat _ihre_ Fledermäuse ausgeschickt.

c) Mit _ihrem_ Fernrohr beobachtet sie die Umgebung.

d) _Ihr_ Mitternachtsmenü ist fertig.

e) _Ihre_ Spinne Lilli umwebt die Gläser.

f) Vampirina droht _ihr_: „Hör auf!

Ich werde dich sonst gleich in eine Kröte verwandeln."

Wörter mit ie

Die Kinder freuen sich, nach der langen Wanderung in der kühlen Nachtluft in Vampirinas Wohnung zu sitzen.
Doch bevor die Mühlenhexe ihre Gäste mit heißem Vampirpunsch aus Holunder und Waldbeeren bewirtet, müssen die Kinder alle Wörter erraten, die die Spinne Lilli in ihr Netz eingewebt hat.

16. Rate mit! Es fehlt immer derselbe Doppellaut.
Ergänze die Lücken.

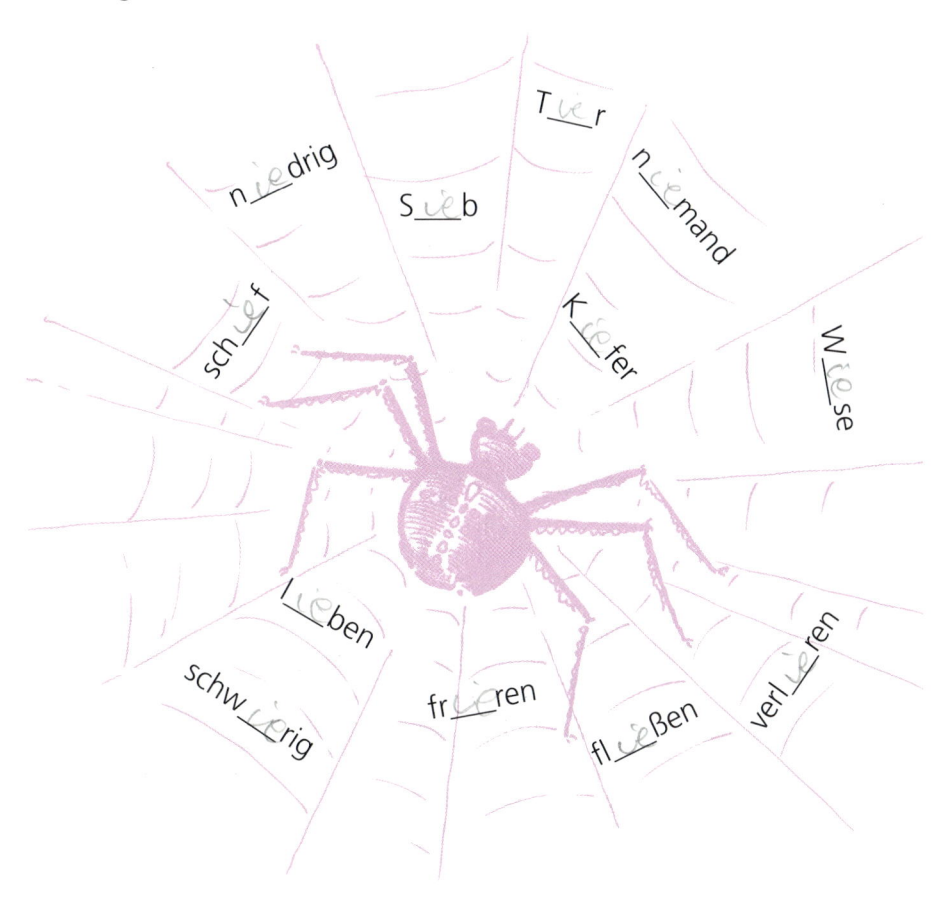

Tier
niedrig
Sieb
niemand
schief
Käfer
Wiese
lieben
schwierig
frieren
fließen
verlieren

Das weiß ich schon: Bei *ie* klingt das *i* lang.

2 Wörter mit langem Selbstlaut

17. So ein Durcheinander! Bringe die Buchstaben wieder in die richtige Reihenfolge und schreibe die Wörter auf die Zeilen.

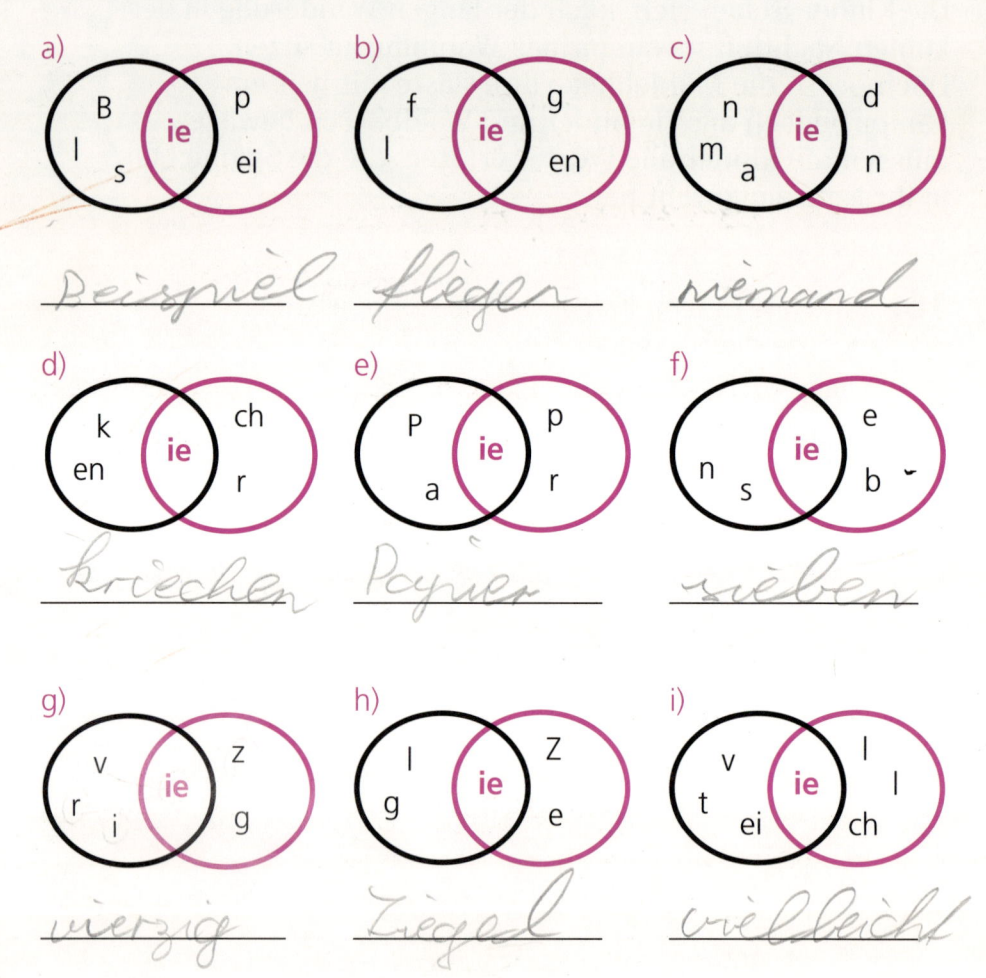

a) _Beispiel_   b) _fliegen_   c) _niemand_

d) _kriechen_   e) _Papier_   f) _sieben_

g) _vierzig_   h) _Ziegel_   i) _vielleicht_

Tipp: Viele Tunwörter haben die Endung *ieren*.
Am besten lernst du die wichtigsten dieser Wörter auswendig.

fotografieren	musizieren	probieren
telefonieren	spazieren	gratulieren
radieren	reparieren	transportieren

Wörter mit ie

18. Schau dir nun die linke Spalte mit den drei Tunwörtern genau an. Die beiden anderen Spalten deckst du mit einem Blatt Papier ab. Kannst du dir die drei schwierigen Wörter der linken Spalte merken?

Schließe deine Augen und lass diese Wörter wie in einem Film erscheinen. So, jetzt Augen auf und aufgeschrieben!

fotografieren, telefonieren, radieren,

Fertig? Dann kontrolliere gleich, ob du sie richtig geschrieben hast.

Und jetzt die mittlere Spalte. Präge dir die drei Wörter ein und schreibe sie dann auf die Zeile. Aber nicht mogeln!

musizieren, spazieren, reparieren,

Zum Schluss die Wörter der rechten Spalte:

probieren, gratulieren, transportieren

19. Suche zu jedem Namenwort das verwandte Tunwort und schreibe es auf die Zeilen.

a) die Maske — maskieren

b) der Fotograf — fotografieren

c) die Musik — musizieren

d) die Nummer — nummerieren

e) die Frisur — frisieren

f) der Marsch — marschieren

g) die Probe — probieren

h) der Spion — spionieren

2 Wörter mit langem Selbstlaut

i) die Spende — _spendieren_

j) der Transport — _transportieren_

k) das Diktat — _diktieren_

l) die Kasse — _kassieren_

m) die Reparatur — _reparieren_

n) die Notiz — _____

Das muss ich mir merken: Bei wenigen Wörtern schreibt man das lange *i* als *ieh*.

20. Vervollständige die Sätze durch die passenden Wörter aus den Kästchen.

leihen, geschehen, ziehen, sehen, befehlen, fliehen

a) Frau Naseweis _flieht_ vor der Spinne Lilli.

b) Valentin _sieht_ die schlafenden Fledermäuse an der Decke hängen.

c) Frau Naseweis bringt Vampirina das Buch zurück, das sie ihr _geliehen_ hat.

d) Vampirina _befiehlt_ den Kindern: „Jetzt aber schnell zu Tisch, solange der Punsch noch heiß ist!"

Wörter mit ie

e) Da _geschieht_ ein Missgeschick!

f) Grünschnabel _zieht_ an der Tischdecke und die Kanne mit dem Punsch fällt um.

Zum Schluss noch ein Tipp für dich: Lass dich von den folgenden Wörtern nicht verwirren! Bei ihnen hörst du ein lang gesprochenes i – und dennoch musst du kein Dehnungszeichen schreiben.

~~Maschine~~   ~~Termin~~   ~~Kabine~~
~~Margarine~~   ~~Rosine~~   ~~Lawine~~
~~Kamin~~   ~~Praline~~   ~~Vitamin~~
~~Apfelsine~~   ~~Delfin~~   ~~Gardine~~
~~Medizin~~   ~~Benzin~~

21. Ordne die Wörter aus der Liste nach ihren Endungen in die Tabelle ein.

in	ine
Kamin	Maschiene
Medizin	Margarine
Termin	Apfelsine
Delfin	Rosine
Benzin	Praline
Vitamin	Kabine
	Lawine
	Gardine

2 Wörter mit langem Selbstlaut

22. Diese Übung bereitet dir bestimmt kein Kopfzerbrechen! Bilde zusammengesetzte Namenwörter und schreibe sie mit dem bestimmten Begleiter auf die Zeilen.

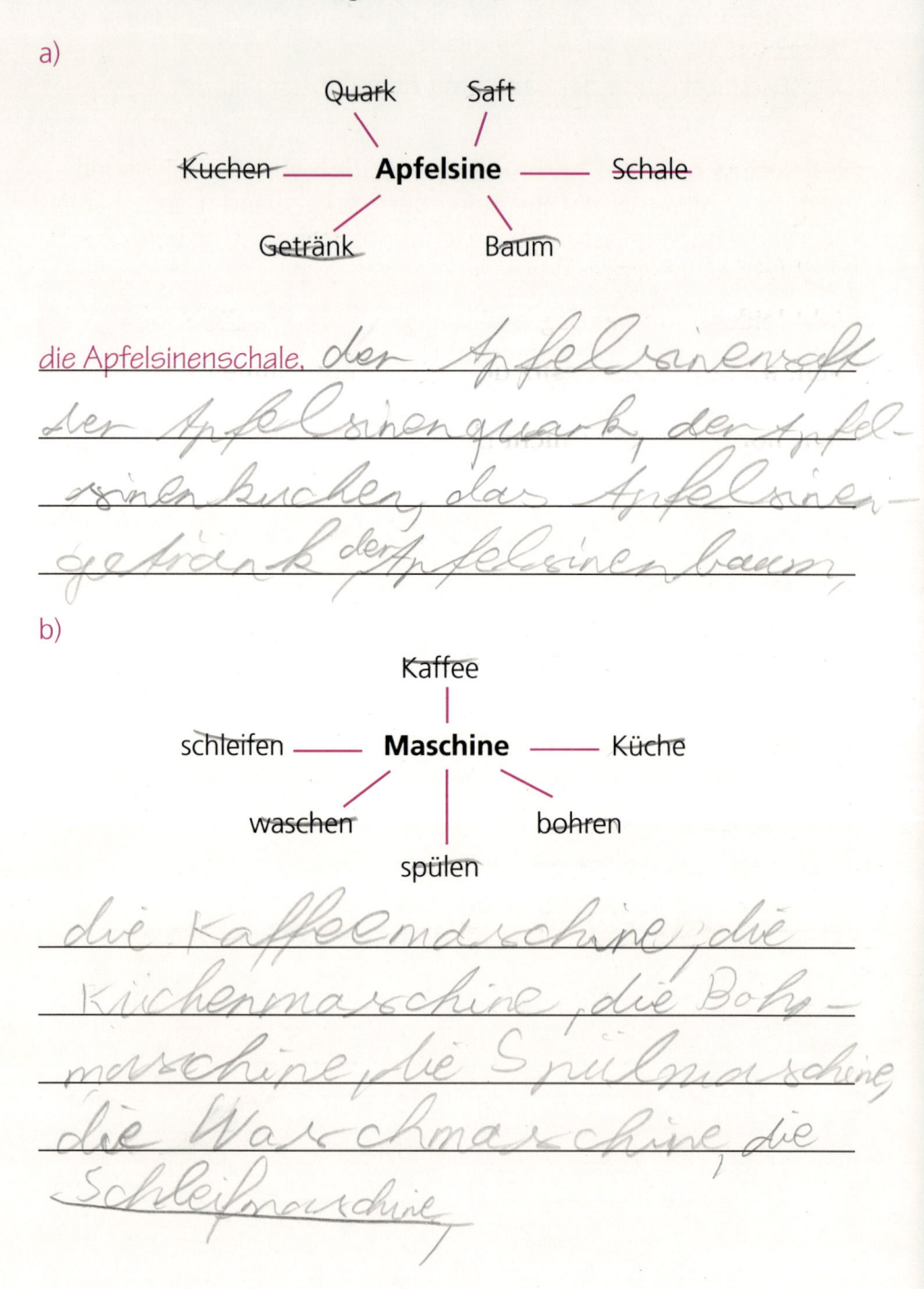

a)

Quark   Saft
~~Kuchen~~ — **Apfelsine** — ~~Schale~~
~~Getränk~~   Baum

die Apfelsinenschale, der Apfelsinensaft, der Apfelsinenquark, der Apfelsinenkuchen, das Apfelsinengetränk, der Apfelsinenbaum

b)

Kaffee
schleifen — **Maschine** — Küche
waschen   bohren
spülen

die Kaffeemaschine, die Küchenmaschine, die Bohrmaschine, die Spülmaschine, die Waschmaschine, die Schleifmaschine

Wörter mit aa – ee – oo

Nach dem Mitternachtsmenü hat Vampirina eine Idee.
„Bevor ihr euch in eure Schlafsäcke kuschelt, erzähle ich euch eine Gutenachtgeschichte.

Vor langer Zeit lebte am Rande des Teufelsmoors eine Fee mit leuchtend goldenen Locken. Um diese Haarpracht beneidete sie die Moorhexe Amalie, die ihre eigenen moosgrünen Haare gar nicht leiden mochte. Tag und Nacht dachte Amalie darüber nach, wie sie in den Besitz der Feenhaare kommen könnte …"

Mehr hörte Annabella nicht mehr, denn sie schlief an Valentins Schulter ein.

23. Unterstreiche in der Geschichte alle Wörter mit einem doppelten Selbstlaut (aa, ee, oo) farbig. Sprich die Wörter dabei deutlich aus. Hörst du, dass *aa*, *ee* und *oo* ganz lang klingen?

Das weiß ich schon: Bei Wörtern mit *aa*, *ee* oder *oo* wird der Selbstlaut lang gesprochen.

24. Ergänze die Lücken mit dem passenden Doppelselbstlaut.

a) W_aa_ge   h_ee_rig   S_aa_l   St_aa_t   P_aa_r
b) T_ee_   Schn_ee_   F_ee_   B_ee_re   M_ee_r   Kaff_ee_
c) Z_ee_   M_oo_s   B_oo_t   M_oo_r

2 Wörter mit langem Selbstlaut

25. Bilde sechs zusammengesetzte Namenwörter und schreibe sie auf die Zeilen.

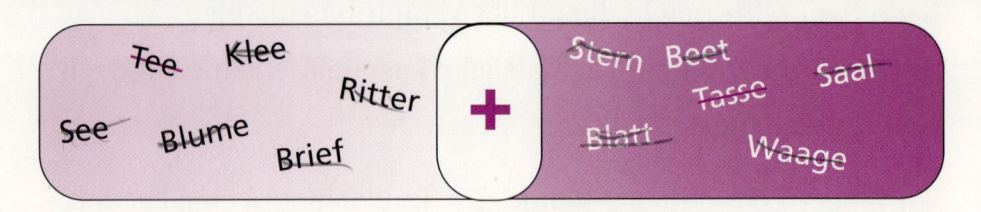

Tee, Klee, Ritter, See, Blume, Brief + Stern, Beet, Tasse, Saal, Blatt, Waage

Teetasse, Kleeblatt, Blumenbeet, Seestern, Rittersaal, Briefwaage,

26. Bilde fünf zusammengesetzte Wiewörter und schreibe sie auf die Zeilen.

See, Kaffee, Schnee, Aal, Moos + glatt, grün, weiß, krank, braun

moosgrün, Kaffeebraun, Schneeweiß, Aalglatt, Seekrank

27. Löse die Wörterspirale auf. Aber aufgepasst: Es verstecken sich hier nur zusammengesetzte Wörter! Trage alle Wörter anschließend in der richtigen Groß- und Kleinschreibung in die Tabelle ein.

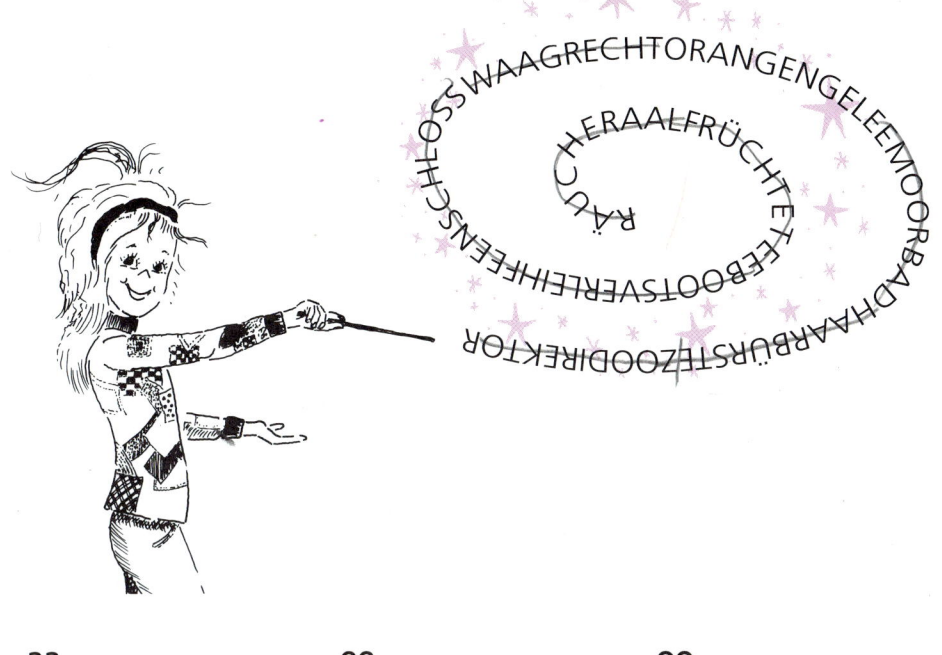

WAAGRECHTORANGENGELEEMOORBAD
RÄUCHERAALFRÜCHTETEE
HAARBÜRSTEZOODIREKTOR
SCHLOSSFEENSCHLEIHBOOTSVER

aa   **ee**   **oo**

Haarbürste   Früchtetee   Zoodirektor
Räucheraal   Feenschloss   Moorbad
Waagerecht   Orangengelee   Bootsverleih

Fitness-Station 2

Du hast fleißig geübt. Prima! Jetzt kannst du wieder überprüfen, ob du alles gut verstanden hast.

1 Ergänze – wo nötig – die Lücken. Ein Wort passt nicht in die Reihe, denn es braucht kein Dehnungs-h. Streiche es durch.

a) (Ha_h_n) (Fo_h_len) (Na___shorn) (Re_h_)

b) (Ja_h_r) (Mo___nd) (Frü_h_ling) (U_h_r)

2 Wörter mit langem Selbstlaut

c) Mö_h_re Bo_h_ne Rotko_h_l To___mate

d) Za_h_n Na___se O_h_r Ze_h_

e) Le_h_rer Ta___fel Fe_h_ler Za_h_l

2 Die Rätseltreppe für Detektive: Auch hier geht es um Wörter mit dem Dehnungs-h, die du schon geübt hast. Trage deine Lösungen in Großbuchstaben in die Kästchen ein.

a) Sie sagt uns die Zeit an: UHR

b) Ein scheues Waldtier: REH

c) Damit hören wir *(Einzahl)*: OHR

d) Ein Tier, das kräht: HAHN

e) 365 Tage sind ein …: Jahr

f) Verdienst: Lohn

g) Hülsenfrucht: Bohne

h) Rahm: Sahne

i) Karotte: Möhre

j) Ein junges Pferd: Fohlen

k) Das tragen wir an den Füßen: Schuhe

l) Etwas, das falsch ist:

m) Zughaltestelle: Bahnhof

n) Namenwort zu *wohnen*: Wohnung

o) Jahreszeit: Frühling

p) Bewusstlosigkeit: Ohnmacht

Fitness-Station 2

3 Entscheide dich für *i* oder *ie* und ergänze die Lücken.

a) Riese · schief · Ritter · Milch · niemals

b) Briefträger · miteinander · verschieben · Brille

c) Wiese · neugierig · mutig · lieber · Hitze

d) Biene · vielleicht · verlieren · frieren · Viereck

4 Entscheide dich wieder für *i* oder *ie* und ergänze die Lücken.

a) Viele Spinnen kriechen die Gardine hoch.

b) Sieben Fliegen sitzen auf dem Honigbrot.

c) Die Diebe finden unter der Kiefer eine Kiste mit stinkenden Stiefeln.

d) Niemand sieht die Indianer im Dickicht sitzen.

e) Der Detektiv liegt unter einem Fliederbusch und sieht, wie die Diebe mit ihrem Lieferwagen davonflitzen.

35

2 Wörter mit langem Selbstlaut

5 Schreibe auf, was du mit den abgebildeten Dingen alles tun kannst. Alle Tunwörter haben die gleiche Endung.

a) radieren

b) markieren

c) telefonieren

d) fotografieren

e) frisieren

f) musizieren

6 Setze die Tunwörter in die er-Form und schreibe sie auf die Zeilen.

a) fliehen — er flieht
b) ziehen — er zieht
c) wiehern — er wiehert
d) befehlen — er befahl
e) stehlen — er stiehlt
f) sehen — er sieht

Fitness-Station 2

7 Buchstabendschungel! In jeder Reihe hat sich ein Wort mit einem Doppelselbstlaut versteckt. Rahme es ein und schreibe es auf die Zeilen.
Aber **Achtung**: Es sind einige zusammengesetzte Wörter dabei!

a) DFTRKGL**ZTEERS**RETKGR — *Teer*
b) BNRMD**SEEFISCH**FTKASR — Seefisch
c) LGHRLPOT**RHAAR**IGPMGU — Haar
d) EWOPNM**BRAUTPAAR**MNK — Brautpaar
e) MRSCMVNG**SCHNEEPFLUG** — Schneepflug
f) PITRUS**KAFFEE**RTZUKNGM — Kaffee
g) DRIPNMTETUREDFRL**KLEE** — Klee
h) LRFM**HOLUNDERBEER**EM — Holunderbeere
i) BTOBFNR**SAAL**FRIOUZLBD — Saal
j) BPR**GLÜCKSFEE**RTZNMUS — Glücksfee
k) AFZJ**WAAGSCHALE**BNMGT — Waagschale
l) VRDS**MOOS**CHRENMGRUS — Moos
m) MWTNK**RUDERBOOT**ZMLFT — Ruderboot
n) ASG**HAARBÜRSTE**WHNMUC — Haarbürste
o) KLHU**TULPENBEET**NMBVH — Tulpenbeet
p) BDTR**BOOTSHAUS**DMNBKF — Bootshaus
q) GRMHK**ZOODIREKTOR**MND — Zoodirektor

3 Wörter mit kurzem Selbstlaut

Am nächsten Morgen machen sich die Kinder auf den Heimweg. Annabella kennt eine sonnige Stelle, an der sie picknicken können. Doch was für ein Schreck, als sie dort ankommen! Überall liegt Müll herum.

Das muss ich mir merken: Auf einen kurzen Selbstlaut können zwei gleiche Mitlaute (zum Beispiel *Sessel*), ck (zum Beispiel *Wecker*) oder tz (zum Beispiel *Katze*) folgen.

28. Was die Leute im Wald alles abgeladen haben! Sprich die Wörter deutlich, damit du bei jedem Wort den kurzen Selbstlaut genau hören kannst. Markiere den kurzen Selbstlaut oder Umlaut jeweils mit einem Punkt.

Fischernetz   Mütze   Ball   Schwimmreifen
Sonnenhut   Wecker   Teppich
Plüschkatze
Geldstücke   Plastiksack   Jacke   Putzeimer

29. Ordne die Wörter vom Müllberg in Aufgabe 28 in die Tabelle ein.

doppelter Mitlaut	ck	tz
Schwimmreifen	____	____
____	____	____
____	____	____
____	____	____
____	____	____

Wörter mit doppeltem Mitlaut

30. Setze die Wortteile zusammen und schreibe die Wörter auf die Zeilen.

a)

Schi		e
A		e
Karto	**ff**	el
ho		en
scha		en

_____
_____
_____
_____
_____

b)

Rü		el
be		er
Ga	**ss**	e
kü		en
Schlü		el

_____
_____
_____
_____
_____

c)

Ba		er
Ro		en
schmu	**gg**	eln
Do		e
ba		ern

_____
_____
_____
_____
_____

d)

ze		en
kli		en
kna	**rr**	en
knu		en
verwi		en

_____
_____
_____
_____
_____

e)

Bri		e
Ha		e
be	**ll**	en
Ro		er
freiwi		ig

_____
_____
_____
_____
_____

f)

bi		er
Hü		e
Scha	**tt**	en
We		e
kle		ern

_____
_____
_____
_____
_____

3 Wörter mit kurzem Selbstlaut

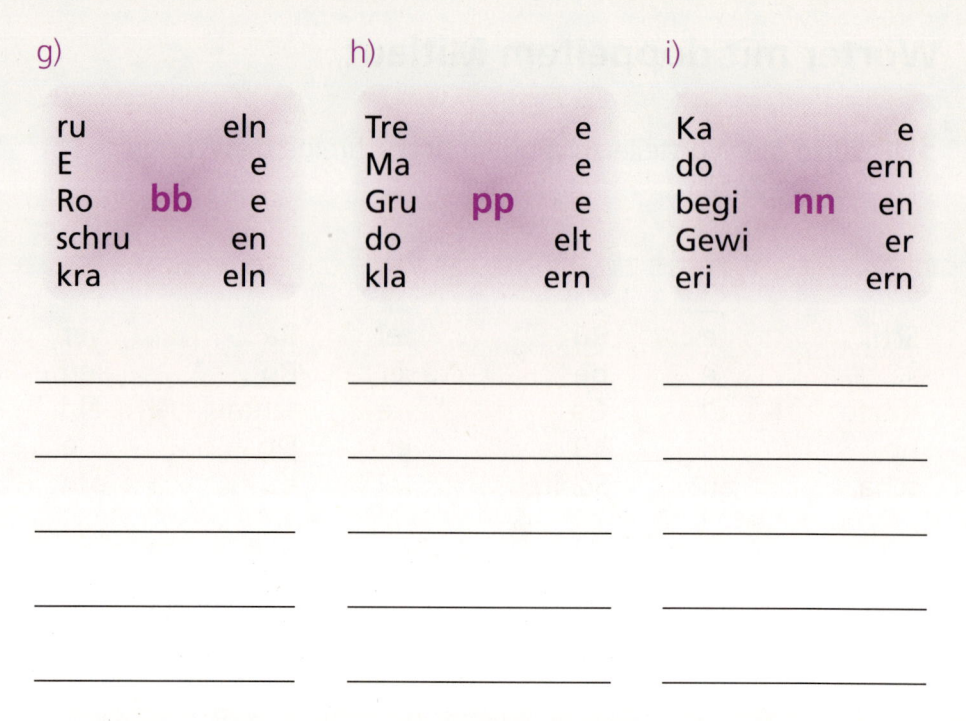

g)

ru		eln
E		e
Ro	**bb**	e
schru		en
kra		eln

h)

Tre		e
Ma		e
Gru	**pp**	e
do		elt
kla		ern

i)

Ka		e
do		ern
begi	**nn**	en
Gewi		er
eri		ern

_____

_____

_____

_____

31. Wörter verzaubern macht Spaß. Probiere aus, welche zwei Doppelmitlaute aus den Kästchen in die Lücken passen. Schreibe die Wörter auf die Zeilen.

bb   **ff**   **ll**   **nn**   **pp**   **tt**   **ss**

a) Wo ⬤ e — Wonne / Wolle

b) Ro ⬤ e

c) Do ⬤ er

d) tre ⬤ en

e) Hü ⬤ e

f) Ta ⬤ e

40

Wörter mit doppeltem Mitlaut

g) wi●●en _____

h) bi●●ig _____

i) Ma●●e _____

j) Wa●●e _____

Tipp: Hat ein Wort einen doppelten Mitlaut, so bleibt dieser meist in den verwandten Wörtern erhalten.

32. Ergänze die verwandten Wörter mit dem gleichen doppelten Mitlaut.

a) hoffen:

(er ho____t) (die Ho____nung) (ho____entlich)

b) füllen:

(er fü____te) (abfü____en) (die Fü____ung) (fü____ig)

c) brummen:

(sie bru____en) (das Gebru____) (der Bru____bär)

(bru____end)

d) gewinnen:

(er hat gewo____en) (der Gewi____) (das Gewi____spiel)

3 Wörter mit kurzem Selbstlaut

e) glätten:

es ist gla____   die Glä____e   das Gla____eis

f) schwimmen:

sie ist geschwo____en   der Schwi____er

das Schwi____bad

g) treffen:

er tri____t   der Tre____er   der Tre____punkt

zutre____end

Wörter mit ck

33. Setze die Silben zu Wörtern zusammen und schreibe sie auf die Zeilen.

a)

Schne   cke   Ja
   De
Bli   Lü   Lo
   Brü   Glo
        Mü

Mücke, _____

_____

_____

Wörter mit ck

b)

Ho **cker**
A   Ste   le
Bä   Zu   We

_____
_____
_____

c)

bli   ba   pa
   ste   ni   drü
fli   **cken**

_____
_____
_____

34. Suche das Gegenteil und schreibe es auf die Zeilen.
Jedes Wort enthält *ck*.

a) rund _____   d) traurig _____

b) nass _____   e) bekleidet _____

c) dünn _____   f) sauber _____

3 Wörter mit kurzem Selbstlaut

Wörter mit tz

Ein Tipp: Bei Wörtern mit *tz* kannst du leicht Fehler machen, da du das *t* nicht richtig hörst. Deutliches Sprechen hilft dir weiter. Hörst du einen Selbstlaut, der kurz klingt, dann folgt ganz sicher *tz*.

35. Bist du fit im Reimen? Hier entstehen 18 Wörter mit *tz*. Schreibe sie auf die Zeilen.

a) – itze

H, Bl, Sp, Spr, R

b) – atz

Pl, Sch, Sp, S, L

c) ütze

Pf, Sch, M, Gr

d) etzen

h, p, w, s

Wörter mit tz

36. Fülle die Lücken mit *tz*.

Die Hexenkinder sind entse____t, als sie den Schmu____ am

Picknickpla____ liegen sehen. Wie der Bli____ sammeln sie

das zerfe____te Fischerne____, die abgenü____te Mü____e,

den Pu____eimer und die vielen anderen Dinge ein.

Oben auf der Spi____e des Müllberges liegt die abgewe____te

Plüschka____e. Die Kinder jammern: „Oh je, das wird eine

Arbeit, all den Müll bei dieser Hi____e zum Wertstoffhof

zu bringen."

Da meint Frau Naseweis: „Je____t ist es an der Zeit,

unsere Hexenkünste zu nü____en."

Doch bevor die Lehrerin ihren Zauberspruch beginnen kann,

fli____t Annabella mit einem Sa____ auf den Müllberg und

schnappt sich die Plüschka____e.

„Was willst du denn mit dieser schmu____igen Ka____e?",

fragt Grünschnabel eifersüchtig. „Siehst du denn nicht, dass

sogar die Naht schon aufgepla____t ist und die kra____ige

Füllwolle herausschaut?" Tro____ig antwortet Annabella:

„Wenn sie erst frisch gepu____t und genäht ist, wird sie ein

tolles Kuscheltier sein. Und vor allem wird sie nie so

geschwä____ig und vorlaut sein wie du!"

3 Wörter mit kurzem Selbstlaut

Wörter mit l – n – r

37. Bring Ordnung in den Wörter-Müllberg und schreibe die Wörter in die passenden Spalten der Tabellen.

parken
Wurzel   Pflanze
Herz   Werkzeug
tanzen   krank
Marke
welken   Onkel
Balken   wälzen
salzen
Schürze   ganz
kurz
scherzen   Anker
Nelke   Birke
Volk
Wolke   glänzen   Salz
funkeln   Holz   danken   stolz   Gurke
einzeln

lk	nk	rk
welken		

Wörter mit l – n – r

lz **nz** **rz**

_____ _____ _____

_____ _____ _____

_____ _____ _____

_____ _____ _____

_____ _____ _____

Hast du bemerkt?   Nach *l, n, r* – das ist doch klar,
steht nie *tz* und nie *ck*.

38. Fülle die Lücken aus.

Tunwort	Namenwort	Zusammengesetztes Namenwort
salzen	das Salz	das Salzwasser
_____	_____	der Trinkhalm
glänzen	_____	_____papier
scherzen	_____	_____frage
_____	der Park	_____uhr
_____	der Tank	_____stelle
tanzen	_____	_____abend

Das muss ich mir merken: Auch nach einem Doppellaut (*au, äu, ei, eu*) schreibe ich nie *tz*.

47

3 Wörter mit kurzem Selbstlaut

39. Es gibt nur wenige Wörter, bei denen auf einen Doppellaut ein z folgt. Fahre mit einem bunten Stift den Doppellaut und z farbig nach. Lerne diese Wörter dann auswendig und decke sie ab. Schreibe sie – wenn du sie dir gemerkt hast – ohne nachzuschauen auf die Zeilen. Überprüfe zum Schluss, ob du sie richtig geschrieben hast.

> heizen   Kauz   Kreuz   schnäuzen
> geizig   Schnauze
> reizen
> Weizen

_____

_____

_____

40. Welche Wörter in den Kästchen sind miteinander verwandt? Male verwandte Wörter mit der gleichen Farbe aus und schreibe sie auf die Zeilen der nächsten Seite.

schnäuzen   reizen   verheizen   überkreuzen
Käuzchen   Kauz   Buchweizen   geizig
heizen   Geizhals   reizend   Weizen   Schnauze
Waldkauz   Reiz   Heizung   Kreuz   ehrgeizig
Weizenkorn   Kreuzung   Schnauzbart

heizen – Heizung – verheizen

Fitness-Station 3

*Diese Fitness-Station ist nicht ganz leicht.
Doch keine Sorge: Du hast in diesem Kapitel viel gearbeitet, nachgedacht und geübt.*

1 Ob kurz oder lang, darauf kommt es an! Sprich die Wörter deutlich. Kennzeichne kurze Selbstlaute mit einem Punkt und lange Selbstlaute mit einem Strich.

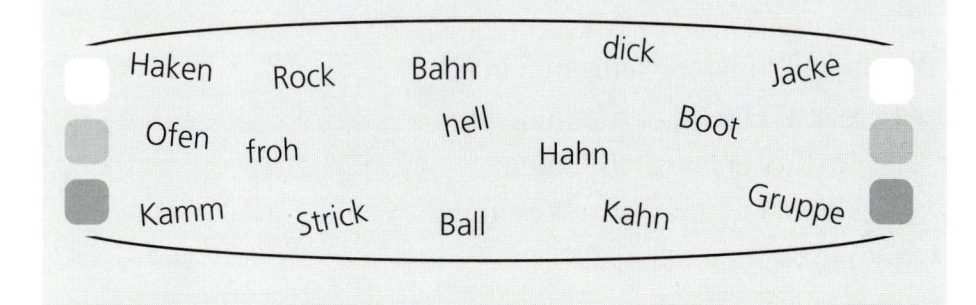

Haken Rock Bahn dick Jacke
Ofen froh hell Hahn Boot
Kamm Strick Ball Kahn Gruppe

3 Wörter mit kurzem Selbstlaut

2 Lies bei diesem Müll-Lied alle Wörter mit einem farbigen Selbstlaut oder Umlaut laut vor. Markiere die kurz gesprochenen Selbstlaute oder Umlaute mit einem Punkt – die lang gesprochenen mit einem Strich.

Müll

Unrat, Schutt, kaputte Socken,
Omas Möbel, alte Brocken,
alte Töpfe, Pfannen, Dosen,
Opas lange Unterhosen.
Was man nicht mehr haben will,
wandert still
in den Müll,
in den Müll.

Plattenspieler und Cassetten,
Farben, Säuren und Tabletten,
Waschmaschine, Gartenstühle,
Kühlschrank und die alte Spüle.
Was man nicht mehr haben will,
wandert still
in den Müll,
in den Müll.

Wenn wir so noch weitermachen,
gibt es bald nichts mehr zu lachen.
Und wir haben zur Belohnung
auf dem Müll bald unsre Wohnung.
Überall, wohin man will,
lagert still
nur noch Müll,
nur noch Müll,
nur noch Müll.

3 Entscheide, ob die farbig gedruckten Wörter richtig oder falsch geschrieben sind. Kreuze an.

		richtig	falsch
a)	Die Kinder bringen leere Glasflaschen zum **Wertstoffhof**.	☐	☐
b)	Pfandflaschen können wieder **abgefült** werden.	☐	☐
c)	Mutter sortiert ihren **Küchenabfal** in verschiedenen Behältern.	☐	☐
d)	Im Kompost **wimelt** es von Regenwürmern.	☐	☐
e)	Heute ist **Kleidersammlung**.	☐	☐
f)	Der Restmüll wird zur **Verbrenungsanlage** gebracht.	☐	☐
g)	Wieder aufladbare **Batterien** sind umweltfreundlich.	☐	☐
h)	Ein Lastwagen **kipt** Bauschutt ab.	☐	☐
i)	Saubere **Kunststoffe** können wieder verwertet werden.	☐	☐
j)	Die **Müllmäner** leeren die Biotonnen.	☐	☐

4 Hast du alle sechs Fehler in den Sätzen von Übung 3 entdeckt? Schreibe diese Wörter jetzt richtig auf die Zeilen. Danach kannst du die falsch geschriebenen Wörter in Übung 3 mit einem dicken schwarzen Stift durchstreichen.

_____

_____

_____

_____

_____

3 Wörter mit kurzem Selbstlaut

5 Hier sind Reimprofis gefragt. Ergänze die Lücken so, dass sich alle Wörter in einer Zeile reimen.

a) (Rock)(St____)(Bo____)(Blo____)

b) (drücken)(b____)(schm____)(pfl____)

c) (D____)(Hecke)(Schn____)

d) (S____)(P____)(L____)(Frack)

e) (Br____)(Lücke)(M____)(T____)(Kr____)

f) (fl____)(zw____)(stricken)(sch____)(bl____)

g) (Zweck)(Sch____)(Dr____)(Fl____)(Sp____)

6 Vervollständige jedes Wort mit z oder tz. Diese Übung ist nicht ganz leicht. Wenn du dir einmal nicht sicher bist, wie du ein Wort ergänzen musst, dann schlag einfach in deinem Wörterbuch nach.

a) das Her____

b) die Hi____e

c) der Gei____hals

d) der Spielpla____

e) hei____en

f) der Fliegenpil____

g) der We____stein

h) das Ne____

i) die Spi____e

j) die Schattenpflan____e

k) der Tan____bär

l) die Pudelmü____e

m) der Me____ger

n) das Kochsal____

o) die Scher____frage

p) der Bli____ableiter

7 Entscheide dich nun für *ck* oder *k*.
Ergänze wieder die Lücken.

a) der Glo_____enturm

b) der On_____el

c) die Wollde_____e

d) die Salatgur_____e

e) das Bienenvol_____

f) das Wer_____zeug

g) die Stechmü_____e

h) das Kran_____enhaus

i) die Zu_____erdose

j) das Glü_____

k) die Schneeflo_____e

l) der Kartoffelsa_____

m) der Geschma_____

n) die Kuschele_____e

o) der Feuerschlu_____er

p) das Schne_____enhaus

4 Wörter mit drei gleichen Buchstaben in Folge

Kaum hat Annabella die Reste des Picknicks weggeräumt, als Valentin einen Stapel Spielkarten herbeizaubert.

41. Spiel doch mit! Die Spielregel ist einfach: Bilde Paare aus einer weißen und einer bunten Karte. Das Wort der bunten Karte muss mit dem letzten Buchstaben der weißen Karte beginnen. Verbinde die zusammengehörenden Karten mit einem Strich.

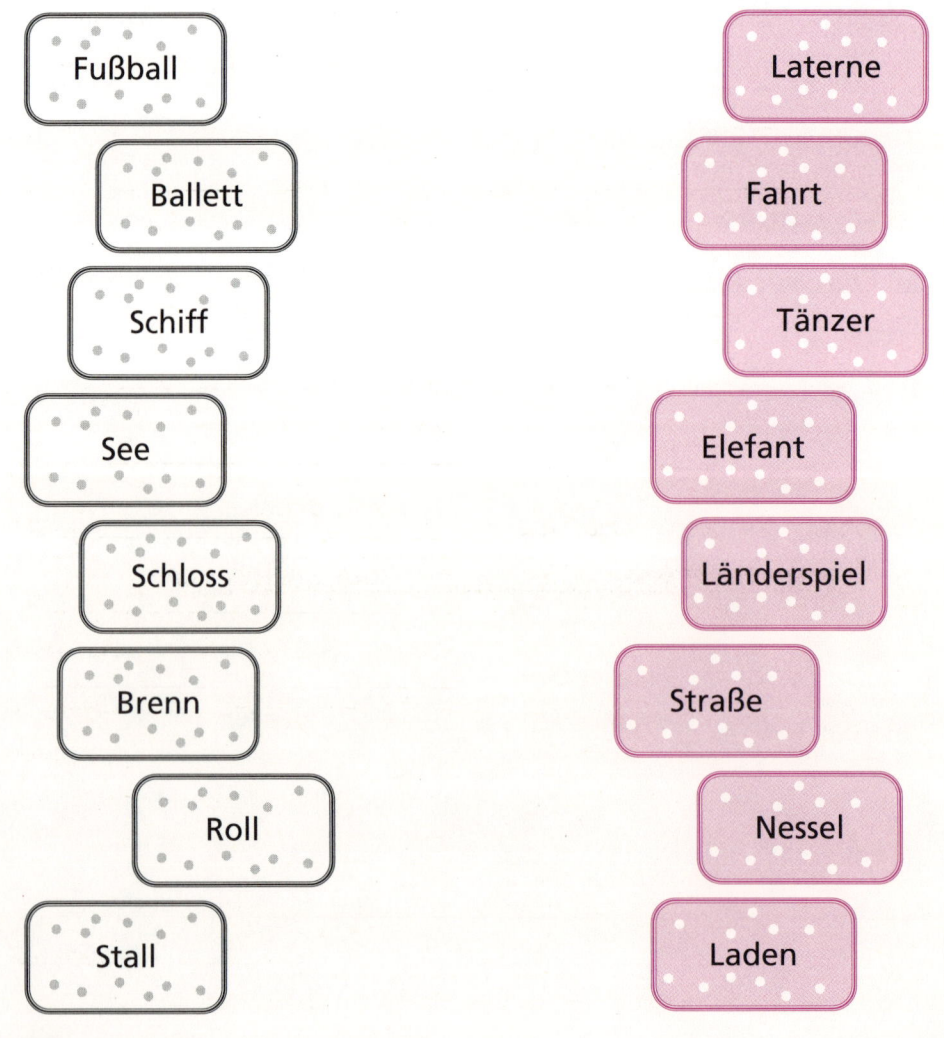

Fußball	Laterne
Ballett	Fahrt
Schiff	Tänzer
See	Elefant
Schloss	Länderspiel
Brenn	Straße
Roll	Nessel
Stall	Laden

Wörter mit drei gleichen Buchstaben in Folge

42. Schreibe nun die zusammengesetzten Wörter aus Übung 41 auf die Zeilen. Doch Vorsicht! Drei gleiche Buchstaben stehen nebeneinander. Kreise sie bunt ein.

_____

_____

_____

_____

Das muss ich mir merken: Wenn bei zusammengesetzten Wörtern drei gleiche Buchstaben aufeinander treffen, bleiben alle drei im neuen Wort erhalten.
Beispiel: Balle**ttt**änzer

43. Bilde zusammengesetzte Namenwörter und schreibe sie auf die Zeilen.

a) Kaffee + Ernte _____

b) Tee + Ei _____

c) Bett + Tuch _____

d) Auspuff + Flamme _____

e) Stoff + Fetzen _____

f) Sauerstoff + Flasche _____

g) Schritt + Tempo _____

h) bestellen + Liste _____

5 Wörter mit ss und ß

Wörter mit ss

„Endlich Wochenende! Schluss mit Hexeneinmaleins und Zauberei!", ruft Annabella ausgelassen zu Grünschnabel und lässt sich in ihren Ohrensessel plumpsen. „Ich muss mich mit dem Mittagessen beeilen, denn ich möchte Valentin nicht warten lassen."
„Valentin, immer nur Valentin! Mich hast du wohl schon vergessen!", schmollt Grünschnabel und knabbert verärgert seine Nüsse. „Du Dummkopf, komm doch einfach mit! Wir treffen uns beim Wasserfall am Silbersee", schlägt Annabella vor.
Annabella ist so aufgeregt, dass sie keinen einzigen Bissen essen kann. Bevor sie ihr Hexenhäuschen verlässt, steckt sie sich eine Schlüsselblume ins Haar und zieht ihre Kette aus bunten Kieselsteinen an. Ob sie Valentin wohl gefällt?

44. Schreibe alle farbigen Wörter aus der Geschichte auf die Zeilen.

Schluss, ausgelassen, lässt, Ohrensessel, muss, Mittagessen, lassen, vergessen, Nüsse, Wasserfall, dass, Bissen, essen, verlässt, Schlüsselblume

Hast du bemerkt, dass alle Wörter *ss* haben? Kreise *ss* farbig ein.
Nun sprich jedes Wort laut und achte auf den Selbstlaut vor *ss*.
Richtig gehört! Alle Selbstlaute klingen kurz.

Das weiß ich schon: *ss* folgt nur nach einem kurzen Selbstlaut.

Wörter mit ss

45. Markiere alle Wörter mit *ss* farbig und schreibe sie auf die Zeilen. Du musst waagrecht und senkrecht lesen!

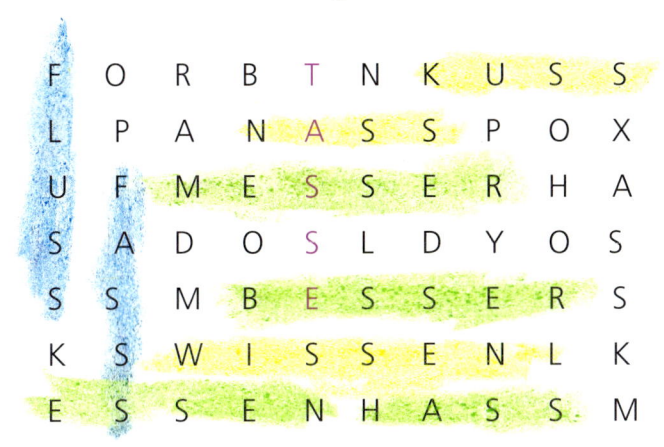

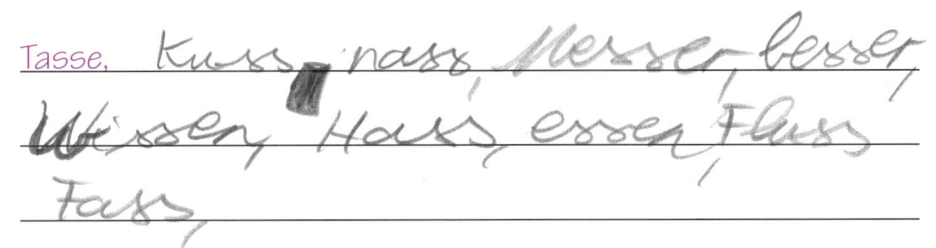

F	O	R	B	T	N	K	U	S	S
L	P	A	N	A	S	S	P	O	X
U	F	M	E	S	S	E	R	H	A
S	A	D	O	S	L	D	Y	O	S
S	S	M	B	E	S	S	E	R	S
K	S	W	I	S	S	E	N	L	K
E	S	S	E	N	H	A	S	S	M

Tasse, Kuss, nass, Messer, besser, Wissen, Hass, essen, Fluss, Fass

46. Ergänze die Lücken bei den verwandten Wörtern. Denk daran, dass hier in jeder Form *ss* erhalten bleibt!

a) passen:

es pa__ss__t   der Reisepa__ss__   verpa__ss__t

b) essen:

ich e__ss__e   das E__ss__en   der E__ss__tisch   e__ss__bar

c) lassen:

du lä__ss__t   die Gela__ss__enheit   zugela__ss__en

d) messen:

er mi__ss__t   die Me__ss__latte   verme__ss__en

5 Wörter mit ss und ß

e) vergessen:

(wir verge**ss**en) (die Verge**ss**lichkeit)

(das Verg**iss**meinnicht)

f) hassen:

(er ha**ss**t) (der Ha**ss**) (hä**ss**lich)

Wörter mit ß

Mit großem Fleiß hat Valentin schon seit einigen Tagen an seinem Floß gebastelt. Es heißt „Flussperle". Zusammen mit Annabella möchte er heute eine kleine Floßfahrt machen. „Das ist ja eine Riesenüberraschung!", ruft Annabella und stößt einen Freudenschrei aus, nachdem sie Valentin begrüßt hat. Schon geht die Reise los. Welch ein Spaß! Ruhig fließt das Wasser dahin. Annabella genießt die Fahrt und lässt ihre Füße im klaren Wasser baumeln.
Keiner bemerkt, wie hinter dem Tannenwald dicke Gewitterwolken aufziehen. Kaum hat Valentin den ersten Blitz am Horizont bemerkt, fängt es schon zu regnen an. Das Floß schießt in stürmischer Fahrt den Fluss hinunter.
„Haltet euch bloß gut fest!", ruft Valentin Annabella zu, die sich am Mast festklammert. „Wir haben bald das sichere Ufer erreicht", tröstet sie Valentin.
Weiß vor Angst ruft Annabella: „Wo ist Grünschnabel? Er wird doch nicht ins Wasser gefallen sein?"

47. In dieser abenteuerlichen Geschichte haben sich 14 verschiedene Wörter mit ß versteckt. Schreibe sie auf die Zeilen.

Fleiß, Floß, heißt, Floßfahrt, stößt, begrüßt, Spaß, fließt, genießt, Füße, schießt, bloß, Weiß, großem

Wörter mit ß

großem, weiß, bloß

Jetzt sprich alle Wörter laut vor dich hin und achte
auf die Laute vor dem ß.
Richtig: Alle Laute klingen lang.

Das muss ich mir merken: ß folgt nach einem langen Selbstlaut
(*Floß*), nach einem langen Umlaut (*begrüßen*) oder nach einem
Doppellaut (*weiß, fließen*).

48. Setze die Wortteile zusammen und ordne die Wörter
in die Tabelle ein.

hei	en	Fü	e	Gefä	e
Stra	e	genie	en	abschlie	en
Scho	ß	Grü	ß e	Ru	ß
gie	en	flie	en	Spä	e
begrü	en	sto	en	Ma	

ß nach langem Selbstlaut	ß nach langem Umlaut	ß nach Doppellaut
Straße	begrüßen	heißen
Schoß	Füße	genießen
stoßen	Grüße	fließen
Ruß	Gefäße	abschließen
Maß	Späße	gießen

5 Wörter mit ss und ß

49. Als geübter Reimprofi hast du sicher in Sekundenschnelle die 14 Wörter mit ß gefunden. Schreibe sie auf die Zeilen.

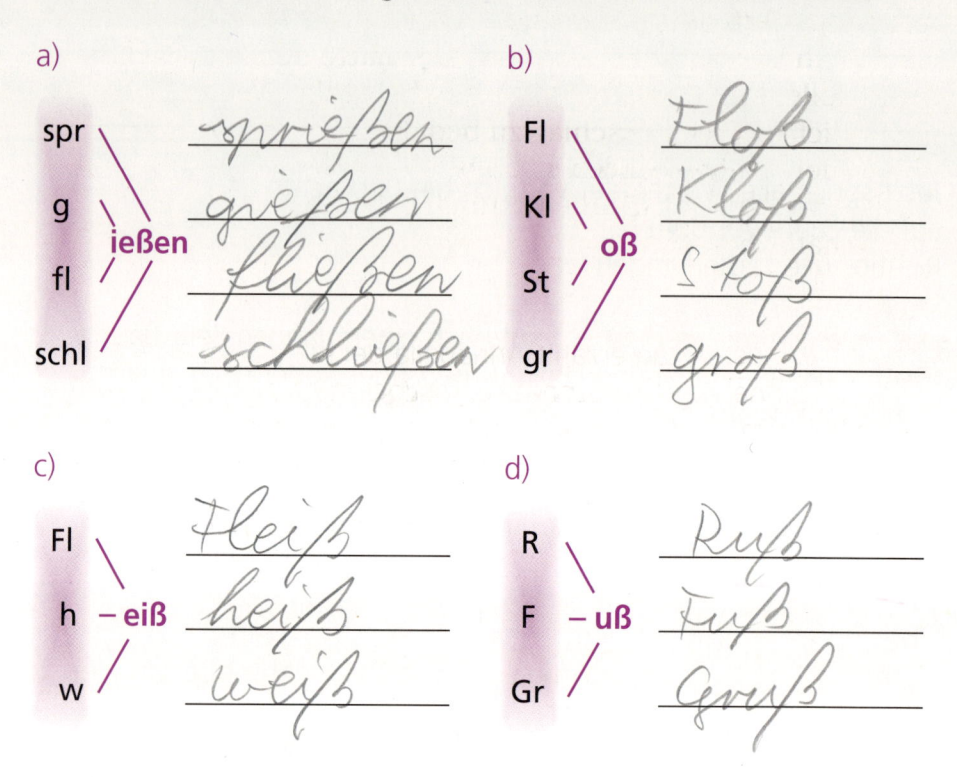

a) ießen
- spr — sprießen
- g — gießen
- fl — fließen
- schl — schließen

b) oß
- Fl — Floß
- Kl — Kloß
- St — Stoß
- gr — groß

c) eiß
- Fl — Fleiß
- h — heiß
- w — weiß

d) uß
- R — Ruß
- F — Fuß
- Gr — Gruß

Schwierige Tunwortformen mit ss – ß

Grünschnabel hat die gefährliche Lage erkannt. Er beschließt heimlich auszureißen und Hilfe zu holen. Der Papagei weiß, dass hier nur der Zauberer Donnerschlag helfen kann. Dieser schließt gerade wegen des Sturms seine Fenster, als Grünschnabel in wildem Flug heranschießt.
„Bitte kommen Sie doch mit, Sie müssen Annabella und Valentin retten! Beeilen Sie sich!"
Vor lauter Aufregung reißt sich Grünschnabel ein paar Federn aus. Im Nu sitzt Donnerschlag auf seinem Luftfahrrad und braust Grünschnabel hinterher.
Immer noch gießt es in Strömen. Annabella und Valentin treiben hilflos auf dem reißenden Fluss dahin. Genau über ihnen hält Donnerschlag an und lässt ein dickes Tau herunter. Geschwind klettern die beiden Floßfahrer zu Donnerschlag

Schwierige Tunwortformen mit ss – ß

hinauf. Gerettet! Annabella schließt Grünschnabel
überglücklich in ihre Arme. „Wie froh bin ich, dass dir
nichts passiert ist!", ruft sie aus.
„Natürlich ist mir nichts passiert, wer hätte denn sonst Hilfe
holen sollen?", antwortet Grünschnabel stolz. „Vergiss aber
nicht, dich bei Donnerschlag zu bedanken. Ohne ihn hätte euer
Abenteuer schlimm enden können!"
„Danke, vielen Dank für die Rettung, lieber Donnerschlag!",
ruft Annabella aus.

50. Am nächsten Tag erzählt Annabella der Mühlenhexe
Vampirina von Grünschnabels mutiger Rettungsaktion. Sie ist
aber immer noch so aufgeregt, dass sie nur einige Teile erzählt.
Füge die Vergangenheitsformen der Tunwörter im Kasten
in die einzelnen Sätze ein.

> wusste   ließ   heranschoss
> schloss   beschloss   goss

a) Er _beschl_ heimlich auszureißen und Hilfe zu holen.

b) Der Papagei _wusste_, dass hier nur der Zauberer Donnerschlag

   helfen kann.

c) Donnerschlag _schlo_ gerade wegen des Sturms die Fenster,

   als Grünschnabel in wildem Flug _heranscho_.

d) Immer noch _goss_ es in Strömen.

e) Donnerschlag _ließ_ ein dickes Seil herunter.

5 Wörter mit ss und ß

51. Trage die Vergangenheitsformen von Übung 50 in die Tabelle ein. Aber aufgepasst! Bei jedem Tunwort ändern sich *ss* und *ß*!

Gegenwart	1. Vergangenheit
er beschließt	er beschloss
er weiß	er wusste
er schließt	er schloss
es gießt	es goss
er lässt	er ließ

Tipp: Bei manchen Tunwörtern wechselt die Schreibweise von *ss* und *ß*, wenn du sie in die Vergangenheit setzt. Aber lass dich nicht verwirren! Denke immer an die Regeln, die du gelernt hast:
- *ss* folgt nur nach einem kurzen Selbstlaut;
- *ß* folgt nur nach langem Selbstlaut, Umlaut oder Doppellaut.

52. Welche drei Tunwortformen gehören zusammen? Trage sie in die Tabelle ein.
Vergiss nicht, verwendete Wörter durchzustreichen.

sie vergaß   er hat gerissen   er beißt   er aß

er reißt   er hat gegessen   er riss   er wusste

er biss   sie hat vergessen   er hat gewußt

sie vergisst   er weiß   er hat gebissen   er isst

Gegenwart	1. Vergangenheit	2. Vergangenheit
er weiß	er wusste	er hat gewusst
er beißt	er biss	er hat gebissen
er reißt	er riss	er hat gerissen
er isst	er aß	er hat gegessen
sie vergisst	sie vergaß	sie hat vergessen

Das Bindewort *dass*

53. Ergänze die Lücken in der Geschichte mit dem Bindewort *dass*.

Schnell gewinnt das Luftfahrrad an Höhe und gleitet ruhig über den Berggipfeln. „Wie froh bin ich, _dass_ Sie uns gerettet haben!", ruft Valentin Donnerschlag erleichtert zu. „Ich hatte schon solche Angst, _dass_ wir das Ufer nicht rechtzeitig erreichen könnten." Annabella unterbricht ihn mit einem lauten Niesen. „Ich hoffe nur, _dass_ ihr beiden Abenteurer morgen nicht mit Fieber und Halsschmerzen im Bett liegt!", krächzt Grünschnabel. „Vielleicht hat Donnerschlag einen wärmenden Kräutertee, der euch vor einem riesigen Schnupfen verschont!"

5 Wörter mit ss und ß

Doch Donnerschlag antwortet nicht. Während er zur Landung ansetzt, murmelt er: „Ich muss euch gestehen, _dass_ eigentlich ich an eurer gefährlichen Floßfahrt schuld bin. Ich habe einen Wetterzauber ausprobiert und nicht gewusst, _dass_ ihr gerade unterwegs seid. Ich verspreche euch, _dass_ ich morgen nur für euch bestes Wetter zaubere. Und als Entschädigung werdet ihr auf eurem Floß noch eine kleine Überraschung finden!"

Tipp: Das Bindewort dass wird immer mit *ss* geschrieben, weil der Selbstlaut *a* kurz klingt. Vergiss auch nicht, beim Schreiben vor dem Wort *dass* ein Komma zu setzen.

54. Schreibe die Purzelsätze richtig auf die Zeilen.

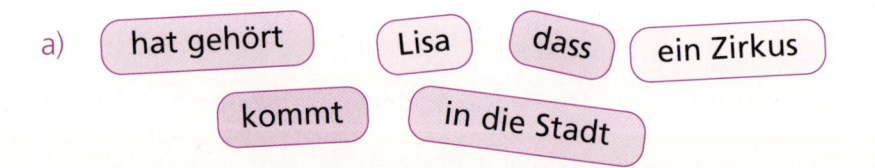

a) hat gehört · Lisa · dass · ein Zirkus · kommt · in die Stadt

Lisa hat gehört, dass ein Zirkus in die Stadt kommt.

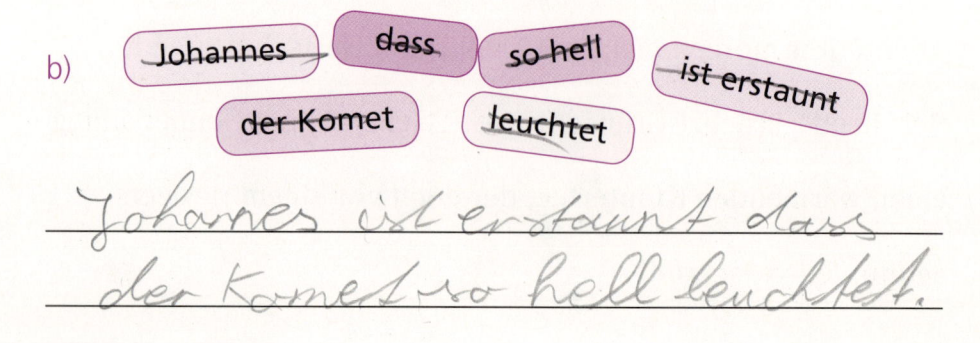

b) Johannes · dass · so hell · ist erstaunt · der Komet · leuchtet

Johannes ist erstaunt, dass der Komet so hell leuchtet.

Das Bindewort *dass*

c) Vater · dass · Christian · verspricht · sie · nächstes Wochenende · besuchen werden · das Ritterturnier

Vater verspricht Christian dass sie nächstes Wochenende das Ritterturnir besuchen werden

d) dass · Moritz · fürchtet · das Fußballspiel · am Samstag · ausfallen muss

Moritz fürchtet dass das Fußballspiel am Samstag ausfallen muss.

e) in den Ferien · hofft · sie · Sophie · ihre Großeltern · besuchen darf · dass

Sophie hofft dass sie in den Ferien ihre Großeltern besuchen darf.

5 Wörter mit ss und ß

f) schlägt Lena vor   Michael   besuchen könnten   sie   dass   den Kinderflohmarkt

_____
_____
_____

g) gesehen hat   dass   sie   ein Seepferdchen   beim Tauchen   Kathrin   erzählt

_____
_____
_____

Fitness-Station 4

Bei dieser Fitness-Station musst du dich vor allem zwischen ss oder ß entscheiden! Lies die Wörter laut und lass vor allem deine Ohren gut mitarbeiten, denn sie müssen die Länge der Laute vor ss oder ß bestimmen.

1 Ergänze die Lücken mit *ss* oder *ß*.

a) das Holzfa_____

b) der Spa_____vogel

c) das Brotme_____er

d) die Begrü_____ung

e) verge_____lich

f) die Suppenta_____e

g) das Holzflo_____

h) absto_____en

i) genie_____en

j) die Gie_____kanne

k) das Stra_____enschild

l) die Schwimmflo_____en

m) das Flu_____ufer

n) der Schlü_____elbund

o) die Geburtstagsgrü_____e

p) der Reisepa_____

q) der Ka_____enzettel

r) die Ki_____enschlacht

s) die Gro_____stadt

t) die Flü_____igkeit

u) drau_____en

v) das Wa_____er-schlö_____chen

5 Wörter mit ss und ß

2 Ergänze die fehlenden Tunwortformen.

Gegenwart	1. Vergangenheit	2. Vergangenheit
er lässt	_____	_____
er vergisst	_____	_____
er schließt	_____	_____
_____	sie aß	_____
_____	wir stießen	_____
_____	es floss	_____
_____	_____	ich habe abgebissen
_____	_____	er hat gewusst
_____	_____	sie haben abgerissen

3 Entscheide dich für den Begleiter *das* oder für das Bindewort *dass*. Ergänze die Lücken.

a) _____ Wetter ist herrlich.

b) Die Kinder freuen sich, _____ sie heute eine Burgruine besichtigen.

c) Daniel hofft, _____ sie ein Lagerfeuer machen dürfen.

d) Sarah fürchtet, _____ die roten Waldameisen in ihre Sandalen krabbeln.

e) Florian streitet mit Stefan um das Grillwürstchen, _____ auf dem Spieß steckt.

f) Lena schaut durch _____ Fenster des Wachturms.

g) Alexander wünscht sich, _____ er einmal die Ritterrüstung ausprobieren darf.

h) Die Lehrerin erzählt eine Geschichte über _____ kleine Schlossgespenst, _____ nachts durch die Burg geistert.

6 Sp / sp und St / st am Wortanfang

Ob Donnerschlag wohl sein Versprechen einhält?
Tatsächlich: Annabella und Valentin haben am nächstem Tag wirklich angenehmes Segelwetter – und zwischen den Tellern im Picknickkorb findet Valentin zwei Eintrittskarten für den Zirkus Manzarelli.
Am gleichen Abend starten die Kinder. Auf der Straße vor dem Zirkuszelt kommt ihnen ein Clown auf langen Stelzen entgegen. Grünschnabel ist gar nicht wohl zumute, als dieser Riese ihm über das Federkleid streicht.
Im Zelt warten die Zuschauer voller Spannung auf den Beginn der Vorstellung. Manege frei!

Wenn du alle farbigen Wörter laut vorliest und dabei genau auf die ersten beiden Buchstaben achtest – was fällt dir dann auf? Na klar! Hier sprichst du scht oder schp, obwohl *St / st* und *Sp / sp* geschrieben wird.

Das muss ich mir merken: Bei Wörtern mit *St / st* spreche ich scht, aber ich schreibe *St / st*. Beispiele: der *Stier, stark*.
Ähnliches gilt für Wörter mit *Sp / sp* am Wortanfang.
Beispiele: der *Spaß, springen*.

55. Was kann man im Zirkus Manzarelli alles sehen?
Ordne die folgenden Purzelsätze und schreibe sie richtig auf die Zeilen.

a) Der Feuerschlucker Ali Bengali
aus seinem Mund
riesige Flammen
speit

_____

_____

Sp / sp und St / st am Wortanfang

b) den Clown Beppo / Der Elefant Maxi / nass / spritzt

_____

_____

c) stolz / Zwei Apfelschimmel / zur Walzermusik / tanzen

_____

_____

d) spielt gleichzeitig / Der Jongleur Alfredo / mit zwanzig Reifen

_____

_____

e) durch brennende Reifen / springen nacheinander / der Raubtiergruppe / Alle Löwen

_____

_____

6 Sp / sp und St / st am Wortanfang

f) das Mikrofon des Zirkusdirektors
stibitzt
Der Schimpanse Bongo

_____

_____

g) auf seinen Schultern
trägt
eine steile Pyramide aus acht Männern
Der starke Herkules

_____

_____

_____

56. Trage zunächst die Wörter mit *st* und *sp* am Wortanfang aus den Sätzen von Übung 55 in die Tabelle ein.

Wörter mit St / st	**Wörter mit Sp / sp**
_____	_____
_____	_____
_____	_____
_____	_____
_____	_____
_____	_____

Sp / sp und St / st am Wortanfang

Wörter mit St / st

_____

_____

_____

Wörter mit Sp / sp

_____

_____

_____

57. Ergänze jetzt die Tabelle von Übung 56 mit den Wörtern im Zirkuszelt.

Sprecher   **Spuk**

Straße   stechen   **Spaß**

Strauß   **sprudeln**

Spruch   stricken   **Stamm**

6 Sp / sp und St / st am Wortanfang

58. Ergänze die Lücken bei den verwandten Wörtern mit *St / st* oder *Sp / sp*.

a) sprechen:

(er ____richt)(der ____ruch)(die Fremd____rache)

b) spritzen:

(er ____ritzt)(die ____ritze)(____ritzig)

c) streiten:

(er ____reitet)(der ____reit)(zer____ritten)

d) spielen:

(er ____ielt)(das Brett____iel)(ver____ielt)

e) stechen:

(er ____icht)(der Mücken____ich)(ge____ochen)

f) stricken:

(er ____rickt)(die ____ricknadel)(ver____rickt)

g) springen:

(er ____ringt)(der Luft____rung)(zer____rungen)

Fitness-Station 5

Und jetzt mit Schwung an diese Fitness-Station!

1 Jedem Wort fehlt *Sp / sp* oder *St / st*. Ergänze die Lücken. Aber aufgepasst! In jeder Reihe versteckt sich ein Wort mit *Sch / sch*. Finde es und ergänze die Lücke.

a) (die _____aukel)(der _____iegel)(der _____ängel)

b) (_____rudeln)(_____witzen)(_____ecken)

c) (die _____alte)(der _____ecker)(der _____wamm)

d) (der _____urz)(der _____warm)(der _____uk)

e) (_____olz)(_____itz)(_____mal)

f) (_____lafen)(_____ärken)(_____itzen)

2 Im Nu hast du je 9 neue Wörter mit *Sp* und *St* (Seite 76) gebildet. Schreibe sie mit ihrem Begleiter auf die Zeilen.

Sp

iegel inat

ange alte echt

eicher ende erling inne

_____   _____

_____   _____

_____   _____

_____   _____

_____

6 Sp / sp und St / st am Wortanfang

St

ecker · ern

ein · empel · elle

eppe · ich · iefel · ift

_____

_____

_____

_____

_____

_____

_____

_____

Der x-Laut   7

Annabella schlürft gerade in ihrem Liegestuhl an einer Eisschokolade, als Grünschnabel mit einem Bündel Post hereinflattert. „Super, da ist ein Brief von Valentin dabei!", freut sich die kleine Hexe. „Er hat mir seine Lieblings-Computerspiele geschickt. Die muss ich gleich ausprobieren!"

Rätsel
Dieses Waldtier ist ein Nachtjäger. Es lebt in einem Bau tief unter der Erde.
In Fabeln gilt es als schlau und listig.
Ich wünsche dir eine gute Spürnase.
Valentin

59. Wie heißt das Tier aus dem Rätsel? Schreibe den Namen mit dem bestimmten Begleiter auf die Zeile.

der Fuchs

Der Dachs, der Ochse und die Eidechse sind drei andere Tiere, die in ihrem Namen die Buchstabenfolge *chs* haben. Was fällt dir auf, wenn du diese Namen laut liest? Genau! Die Buchstabenfolge *chs* wird wie *x* ausgesprochen.

7   Der x-Laut

Das muss ich mir merken: Es gibt verschiedene Buchstaben-
kombinationen, die wie *x* gesprochen werden.
Beispiele:

chs   →   der Fuchs
cks   →   der Klecks
gs   →   vormittags

60. In beide Spalten passen Reimwörter, die mit *L* und *W*
beginnen. Überlege gut und schreibe die Reimwörter auf
die Zeilen.

a)   Fuchs   b)   Dachs

_____   _____

_____   _____

61. Schreibe die Zahlen als Zahlwörter in Buchstaben auf die
Zeilen. Lass dir dabei Zeit, damit du keine Buchstaben vergisst!

a)   6   _____

b)   226   _____

c)   606   _____

d)   6016   _____

e)   16666   _____

            _____

Der x-Laut

62. Bilde aus den angegebenen Teilen mindestens zehn Wörter der Wortfamilie wachsen und schreibe sie auf die Zeilen.

ver	an			en
ent	be	er	**wachs**	haus
Ge	Wild	zu	**wächs**	tum
ein	Er		**wuchs**	ener

_____

_____

_____

_____

Du machst das großartig! Arbeite jetzt an Annabellas Bildschirm weiter.

63. Setze überall *cks* ein und merke dir die Wörter gut.

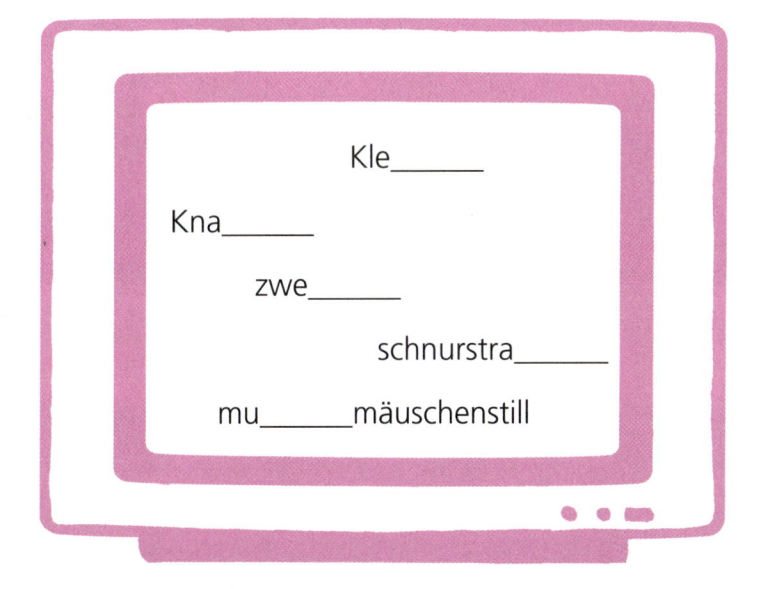

Kle_____

Kna_____

zwe_____

schnurstra_____

mu_____mäuschenstill

7 Der x-Laut

64. Wenn du diese Wörter zusammensetzt, musst du das Fugenzeichen *s* ergänzen. So erhältst du wieder die Buchstabenfolge *cks*, die wie *x* klingt.
Schreibe die Wörter auf die Zeilen.

a)

Kuckuck — ~~Ruf~~ — Kuckucksruf
Kuckuck — Ei — _____
Kuckuck — Uhr — _____

b)

Glück — Fee — _____
Glück — Fall — _____
Glück — Pfennig — _____
Glück — Strähne — _____

65. Hier siehst du wichtige Wörter mit *gs*. Präge sie dir gut ein. Wenn du sie auswendig kannst, dann deckst du sie ab und schreibst sie auf die Zeilen. Überprüfe anschließend, ob du alles richtig geschrieben hast.

| mittags | unterwegs |
| dienstags | werktags |

Fitness-Station 6

Es hat sich bestimmt gelohnt, dass du so fleißig geübt hast. Jetzt kannst du dein Wissen testen.

1 Finde die passenden Wörter aus der Wortfamilie *wechseln* und ergänze die Lücken.

a) Onkel Bastian will für seinen Italienurlaub

   Geld _____.

b) Die Lehrerin _____

   die Zwillinge Anna und Sophie.

c) Der Trainer muss den verletzten Stürmer

   _____.

d) Im April kannst du oft sehen, wie sich

   Regenschauer, Gewitter und Sonnenschein

   _____.

2 Nur sechs Wörter mit *chs* passen in die Kästchen auf der nächsten Seite. Trage sie ein und schreibe anschließend die drei übrigen Wörter auf die Zeilen.

Fuchsbau   Dachse   Silberfuchs   Krustenechse   Ochsenschwanz   Wüstenfuchs   Dachshaare   Auerochse   Lachsforelle

7 Der x-Laut

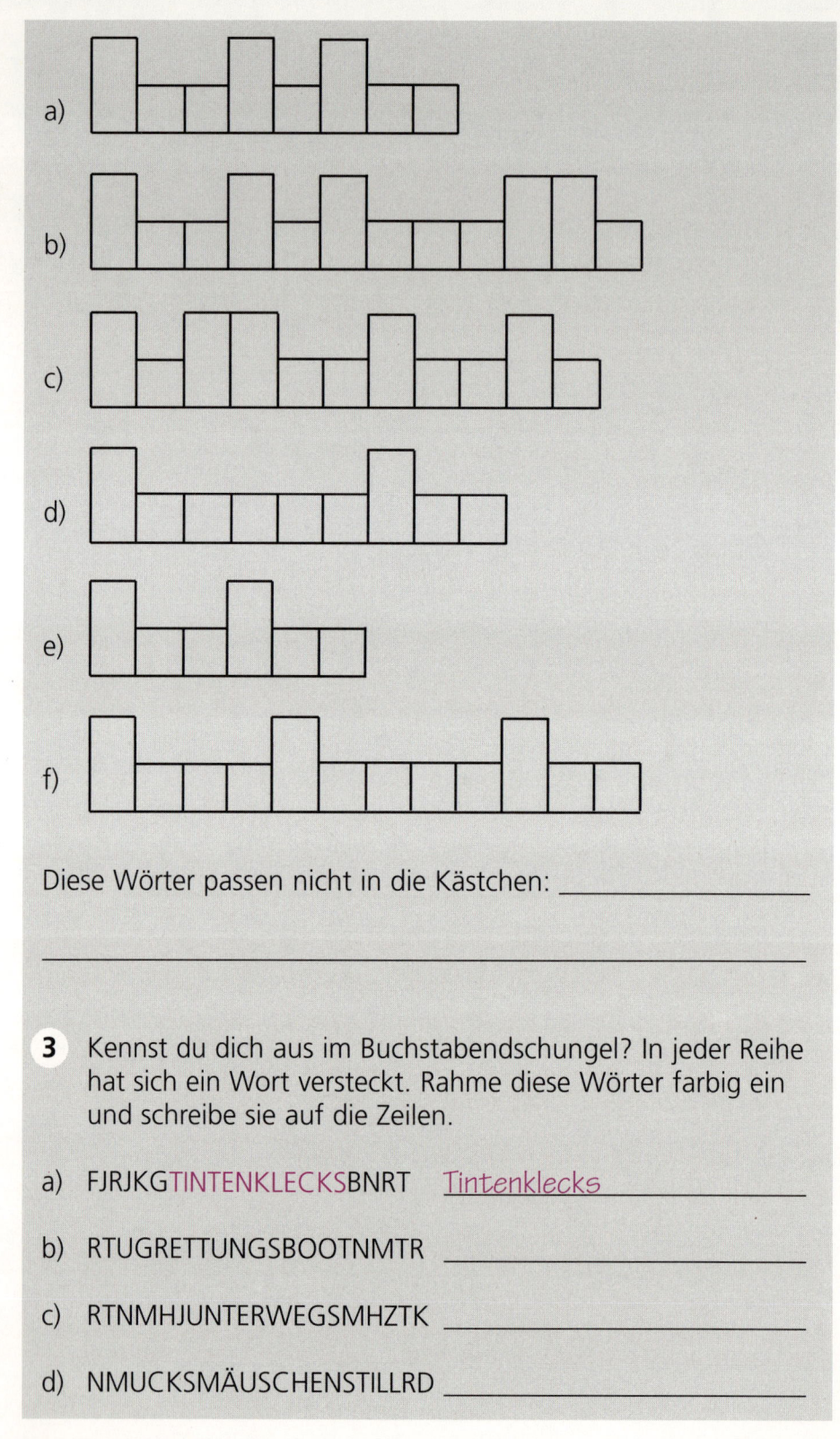

a) [Kästchen-Muster]

b) [Kästchen-Muster]

c) [Kästchen-Muster]

d) [Kästchen-Muster]

e) [Kästchen-Muster]

f) [Kästchen-Muster]

Diese Wörter passen nicht in die Kästchen: _____

_____

3 Kennst du dich aus im Buchstabendschungel? In jeder Reihe hat sich ein Wort versteckt. Rahme diese Wörter farbig ein und schreibe sie auf die Zeilen.

a) FJRJKG**TINTENKLECKS**BNRT   *Tintenklecks*

b) RTUGRETTUNGSBOOTNMTR   _____

c) RTNMHJUNTERWEGSMHZTK   _____

d) NMUCKSMÄUSCHENSTILLRD   _____

e) SDFSCHNURSTRACKSDRMU _____

f) SMKUAUSFLUGSZIELBMNHU _____

g) PZTGEBURTSTAGSFEIERBN _____

h) KOZTRMITTAGSDRFTBMHZU _____

4 Entscheide dich bei jeder Spalte für einen x-Laut (x, chs, cks oder gs) und trage ihn ins Kästchen über der Spalte ein. Ergänze anschließend die Lücken.

a) ⬭

Bienenwa_____

verwe_____eln

A_____se

erwa_____en

O_____e

dre_____eln

b) ⬭

Ta_____i

Ni_____e

bo_____en

Mi_____er

Ju_____

Pra_____is

c) ⬭

Kle_____

Kucku_____uhr

zwe_____

Kna_____

Glü_____pilz

schnurstra_____

d) ⬭

sonnta_____

werkta_____

flu_____

unterwe_____

du ma_____t

mitta_____

8 Wörter mit V / v

Heute ist Valentins großer Tag. Annabella ist erleichtert, dass ihr Geschenk gerade noch rechtzeitig zur Geburtstagsfeier fertig wurde. Es hat viel Mühe gekostet, einen Pullover mit einem Vogel zu besticken, der Grünschnabel ähnlich sieht. Annabella und Grünschnabel sind noch ein Stück von Valentins Haus entfernt, als sie schon eine fetzige Melodie hören.
„Das wird bestimmt Eva sein, die auf dem Klavier ein Geburtstagslied spielt!", ruft die kleine Hexe freudig aus.
Valentin hat für seine Gäste den Tisch mit vielen Veilchen geschmückt und Vanillepudding mit Waldbeergrütze vorbereitet. Als Annabella nach dem Essen ihr Geschenk überreichen möchte, schaut sie verdutzt um sich. Ihr Geschenkpaket ist verschwunden! Obwohl alle Gäste eifrig beim Suchen helfen, bleibt es wie vom Erdboden verschluckt.
Plötzlich tönt vom Dachfirst ein lautes Krächzen, das wie ein schelmisches Lachen klingt. Hoch oben hat sich Grünschnabel versteckt – nein, eigentlich haben sich da oben zwei Grünschnäbel versteckt. Annabellas Papagei hat sich nämlich voller Stolz den Pullover mit seinem Doppelgänger darauf übergestreift. Vorlaut wie immer meint er: „Hallo, Valentin! Hast du für mich auch zwei Portionen Vanillepudding vorbereitet? Zwei Vögel verschlingen eben eine doppelte Portion!"

66. Kreise in der Geschichte alle Wörter mit *V* oder *v* farbig ein. Sprich diese Wörter laut und deutlich vor dich hin und achte darauf, wie *V / v* klingt. Du kannst deinen Ohren ruhig trauen: *V / v* klingt nicht immer gleich!

Wörter mit V / v

Das muss ich mir merken: *V / v* wird manchmal wie *f* gesprochen, manchmal aber auch wie *w*.

67. Ordne die Wörter aus dem Sternenwirbel in die Tabelle ein.

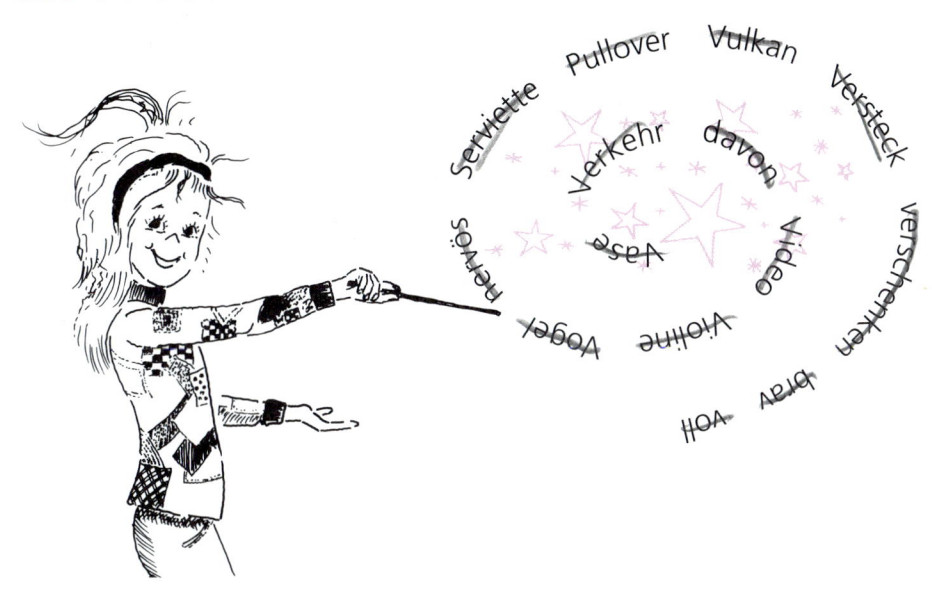

Serviette, Pullover, Vulkan, Versteck, Verkehr, davon, Vase, Video, verschenken, Violine, Vogel, brav, voll

V / v wie w gesprochen

Vulkan
Pullover
Serviette
nervös
Violine
Video
Vase

V / v wie f gesprochen

voll
brav
verschenken
Versteck
Vogel
davon
Verkehr

8 Wörter mit V / v

68. Fülle die Lücken mit passenden Wörtern aus der Übung 67.

a) Valentin stellt Annabellas Blumen

in die _____.

b) Eva spielt auf der _____

wilde Hexenmusik.

c) Grünschnabel trägt Valentins _____.

d) Florian schenkt dem Geburtstagskind

einen _____film.

e) Für den Geburtstagstisch hat Valentin heute

_____ gefaltet.

f) Valentin freut sich sehr über das Buch

mit feuerspeienden _____.

g) Grünschnabel schnappt sich ein Riesenstück

der Geburtstagstorte und fliegt damit schnell

in sein geheimes _____.

Ein Tipp: Merke dir die Schreibweisen der Vorsilben *ver* und *vor* gut! Auch hier sprichst du *f*, musst aber *v* schreiben.

Wörter mit V / v

69. Setze die Vorsilbe *ver* mit den angegebenen Wörtern zu neuen Tunwörtern zusammen und schreibe sie auf die Zeilen.

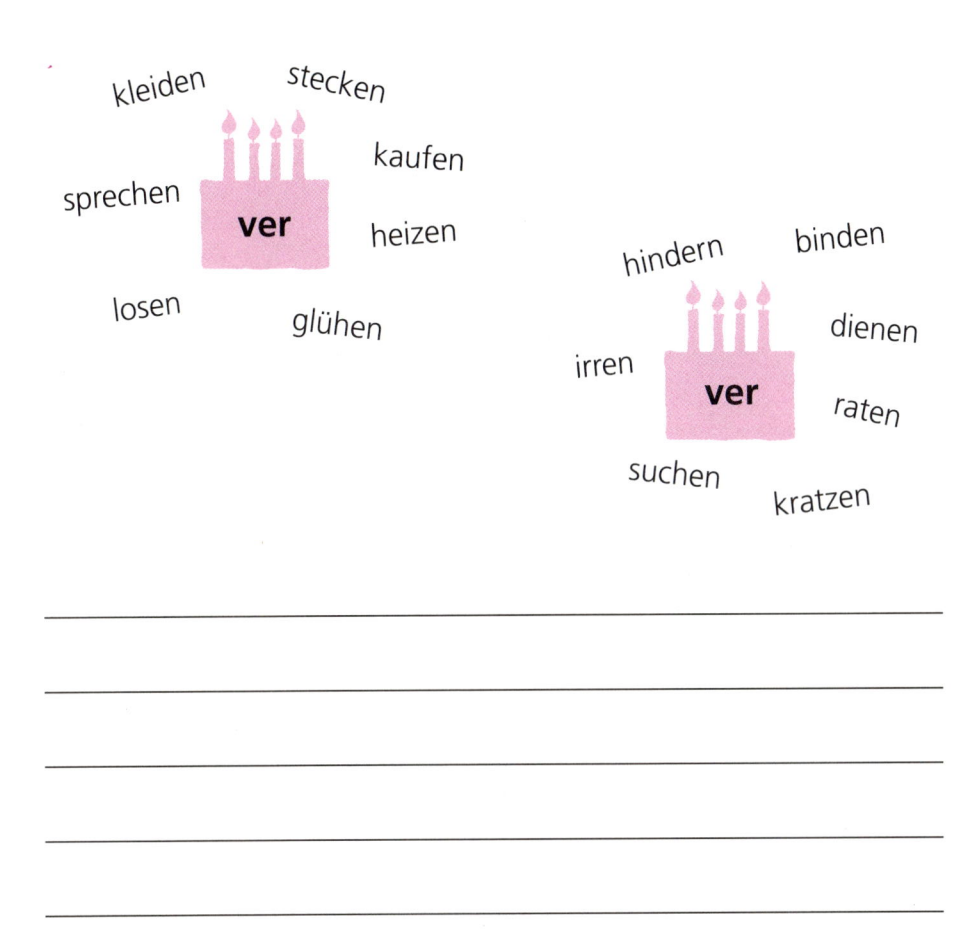

kleiden   stecken
sprechen   **ver**   kaufen
               heizen
losen   glühen

            hindern   binden
            ver   dienen
      irren   raten
         suchen   kratzen

_____
_____
_____
_____
_____

70. Bilde mit der Vorsilbe *Vor* neue Namenwörter und schreibe sie auf die Zeilen der nächsten Seite.

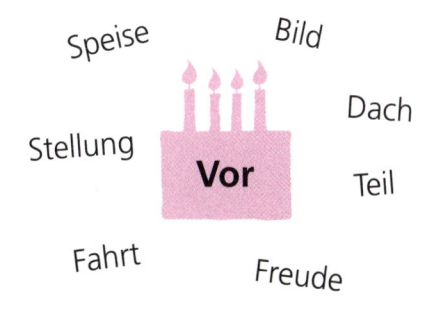

      Speise   Bild
                  Dach
Stellung   **Vor**   Teil
      Fahrt   Freude

87

8 Wörter mit V / v

Sprung   Garten
Hang   Liebe
         Vor   Schlag
Rat
         Führung

_____

_____

_____

_____

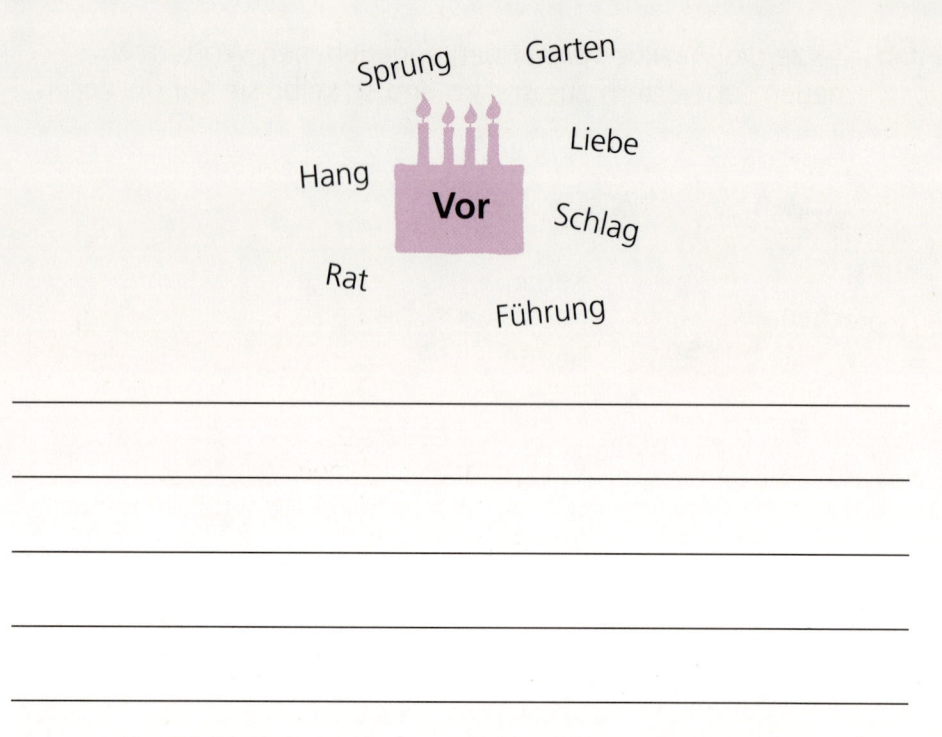

Valentin hatte eine Schnitzeljagd vorbereitet. Die Hinweise führten seine Gäste in den nahe gelegenen Wald. Je tiefer die Kinder in den Wald vordrangen, desto größer wurde die Dunkelheit um sie herum.

_____iele Kinder _____ielen über knorrige Baumwurzeln.

71. Jetzt musst du gut überlegen. In die Lücken gehören die beiden Buchstaben *v* und *f*. Doch welcher Buchstabe gehört wohin?

Ein Tipp hilft dir hier weiter:

fiel, fielen ist die Vergangenheit von *fallen*
– Er fiel über die Baumwurzel.

viel, viele, vieles bezeichnet eine Menge
– Valentin hat viele Hinweise versteckt.

Wörter mit V / v

72. Entscheide dich bei jedem Satz für *fiel* oder *viel*
und ergänze die Lücken.

a) Valentins Idee, eine Schnitzeljagd zu veranstalten,

ge_____ seinen Gästen.

b) Wie _____ Mühe hat er sich bei der Vorbereitung

gegeben!

c) Auf einem Hinweisschild stand: „Sammelt möglichst

_____ trockenes Holz!"

d) Eva _____ bei der Suche nach Holz beinahe

in den Eingang eines Dachsbaus.

e) Das Holzsammeln machte den Kindern _____ Spaß.

f) Sie legten das Holz auf einen großen Haufen,

der fast um_____.

g) Wozu braucht Valentin eigentlich so _____ Holz?

h) Annabella _____ es plötzlich wie Schuppen

von den Augen: Das wird bestimmt ein Lagerfeuer geben!

8 Wörter mit V / v

Fitness-Station 7

Wetten, dass du jetzt fit bist für diese Station?

1 Setze die Silben zu sinnvollen Wörtern zusammen und schreibe sie auf die Zeilen. Die Silben ergeben insgesamt sieben Wörter.

ve
chen — Veil — ~~kan~~
Pul — Kur — vier — Kla
Va — ~~Vul~~ — gel — ver — Vo — se

Vulkan, _____

_____

2 Wagst du dich an diese schwierige Silbenpyramide? Hier musst du mehr als zwei Silben zu einem Wort zusammenfügen. Es entstehen insgesamt fünf Wörter.

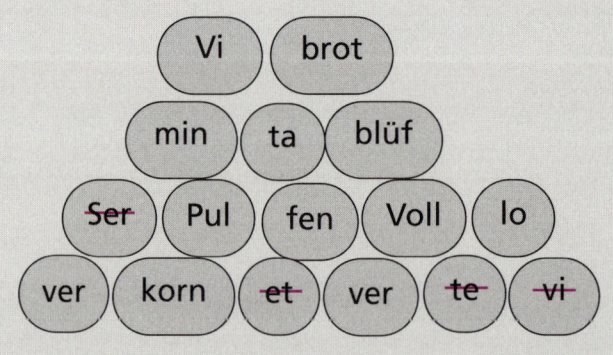

Vi — brot
min — ta — blüf
~~Ser~~ — Pul — fen — Voll — lo
ver — korn — ~~et~~ — ver — ~~te~~ — ~~vi~~

Serviette, _____

_____

3 Zeige nun, dass du die Buchstaben *V / v* oder *F / f* richtig einsetzen kannst.

a) der ___orschlag

b) das ___erienlager

c) ___erflixt

d) der ___ernlastzug

e) ___erbinden

f) ___orstellen

g) ___orsichtig

h) der ___erkäufer

i) ___ertig

j) der ___ergnügungspark

k) das ___ersteck

l) ___ersuchen

m) die ___ernsehsendung

n) die ___erkleidung

o) die ___ernbedienung

p) zu___erlässig

q) die Turn___orführung

r) das ___ertighaus

s) ___erjagen

t) die ___erse

4 Jetzt noch einmal gut nachgedacht. Ergänze die Lücken mit *viel* oder *fiel*.

a) _____fach   sie _____ durch   _____fraß

b) es _____ ab   wie _____   _____leicht

c) _____mals   er _____ um   es zer_____

d) es ver_____   so _____   _____ versprechend

e) _____zahl   es ge_____   _____mals

9 Seltene Wörter mit ai

Der letzte Hinweis der Schnitzeljagd führt die Kinder zu einer Baumhöhle. Tief in ihrem Inneren finden sie ein Bündel kleiner Papierröllchen. Jedes Röllchen enthält ein Rätsel.

73. Rate mit! Trage die fehlenden Buchstaben der Lösungswörter in die Kästchen ein.

a) Der fünfte Monat des Jahres   A I

b) Ein elternloses Kind   A I _ _

c) Froscheier   A I _

d) Anlegestelle für Schiffe am Ufer   A I

e) Klangfaden der Gitarre   A I _

f) Gefährlicher Raubfisch   A I

g) Wirbelsturm   A I _

h) Hoch wachsende Getreidepflanze   A I _

i) Rund geformtes Stück Brot oder Käse   A I _

j) Herrscher mit mehr Macht als ein König   A I _ _ _

Tipp: Es gibt nicht viele Wörter mit *ai*. Die wichtigsten hast du im Rätsel entdeckt. Präge sie dir gut ein und schreibe sie nochmals auswendig auf die Zeilen.

_____

_____

_____

74. Löse die Wörterspirale auf. Trenne die einzelnen Wörter durch senkrechte Striche voneinander ab. Schreibe danach die sieben versteckten *ai*-Wörter auf die Zeilen.

LAI|BREITEN|LEISE|SAITE|SEITE|HAI|PFEIL|KAISER|MAI|KLEID|SEIL|LAICH|MEILE|LEIB|BREI|WAISE|WEISE

_____

_____

Fitness-Station 8

Du hast die seltenen ai-Wörter bestimmt im Kopf. Hier kannst du dein Wissen testen.

1 Ergänze die Lücken durch passende Wörter mit ai.

a) Die Kinder rösten am Lagerfeuer

_____kolben.

b) Valentin schneidet einen großen

_____ Brot auf.

c) Bei Evas Gitarre ist eine _____

gerissen.

9 Seltene Wörter mit ai

d) Am Rande der Lichtung blühen

_____glöckchen.

e) Im Frühling machen sich die Frösche auf den Weg

zu ihrem _____platz.

f) Ein schrecklicher _____ fegt

über die Insel und zerstört viele Häuser.

2 Lass dich jetzt nur nicht hereinlegen! Ergänze die Lücken mit *ai* oder *ei*.

a) M_____sfeld

g) L_____bspeise

b) S_____teninstrument

h) L_____chplatz

c) K_____sersaal

i) K_____

d) W_____sheit

j) M_____regen

e) Buchs_____te

k) verw_____st

f) Käsel_____b

l) H_____fisch

Wörter trennen

10

Vom fröhlichen Singen und wilden Tanzen um das Lagerfeuer sind die Kinder müde. Erschöpft setzen sie sich ins Gras und schauen zu, wie die Flammen züngeln und im Wind flackern. In diese Stille kracht unverhofft ein gewaltiger Schlag. Die Kinder fahren erschreckt hoch. Aus der Dunkelheit taucht Donnerschlag auf und poltert:

> „A|bra|ka|da|bra Ge|burts|tags|kind
> komm zu mir her, ganz ge|schwind.
> Ein Feu|er|werk soll hier ent|ste|hen,
> das man weit, ganz weit kann se|hen."

Solch ein farbenprächtiges Funkeln und Leuchten haben die Kinder noch nicht gesehen.

75. Sprich Donnerschlags Zauberspruch nach.
Sprich wie er die Wörter in Silben getrennt und klatsche bei jeder Silbe in die Hände.

Das weiß ich schon: Wörter mit einer Silbe kann ich nicht trennen (zu, her …). Wörter mit mehreren Silben trenne ich so, wie ich sie beim langsamen Sprechen zerlege (La|ger|feu|er).
Nur Selbstlaute oder Umlaute dürfen am Wortanfang beim Trennen alleine stehen (ü|ben, O|pa).

76. Schreibe die Wörter mit ihren Trennungen auf die Zeilen der nächsten Seite. Aber aufgepasst! Zwei Wörter darfst du nicht trennen.

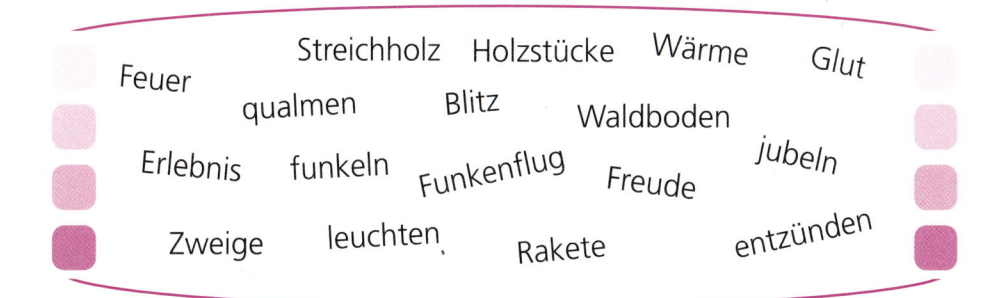

Feuer   Streichholz   Holzstücke   Wärme   Glut
qualmen   Blitz   Waldboden
Erlebnis   funkeln   Funkenflug   Freude   jubeln
Zweige   leuchten   Rakete   entzünden

10 Wörter trennen

Schreibe so:

Feu-er,

___

77. Schreibe die Wörter mit Trennstrichen auf die Zeilen. Vorsicht: Bei diesen Wörtern darf der erste Buchstabe alleine stehen!

Echo Ozean Efeu Idee Italien
Esel Uniform Iris Ofen Utensil
~~Abend~~ Ufer Abenteuer Igel Ober
Olive Acker Uhu Ameise Ecke

Wörter mit A:

A-bend,

Wörter mit E:

Wörter trennen

Wörter mit *I*:

_____

_____

Wörter mit *O*:

_____

_____

Wörter mit *U*:

_____

_____

Das muss ich mir merken: Die Buchstabenverbindungen *sch, ch* und *ck* darf ich nicht trennen (Bü|sche, We|cker, la|chen).

78. Markiere bei jedem Wort die Trennstelle durch einen senkrechten Strich. Verwende dazu deinen Lieblingsstift.

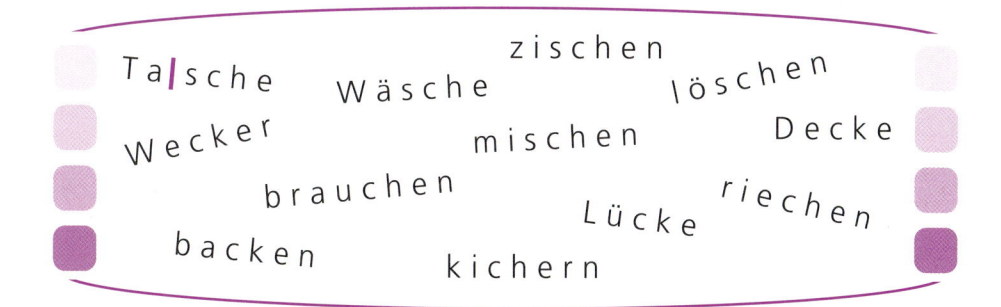

Ta|sche   Wäsche   zischen   löschen
Wecker   mischen   Decke
brauchen   Lücke   riechen
backen   kichern

10 Wörter trennen

79. Schreibe die Wörter zuerst mit ihren Trennungen und gleich daneben ohne Trennungen auf die Zeilen.

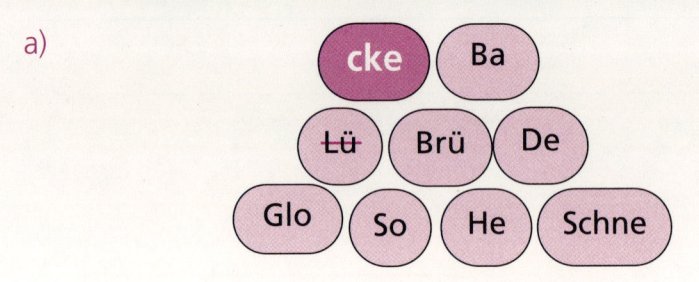

a)

Pyramide: cke / Ba — Lü, Brü, De — Glo, So, He, Schne

Lü-cke, Lücke,

b)

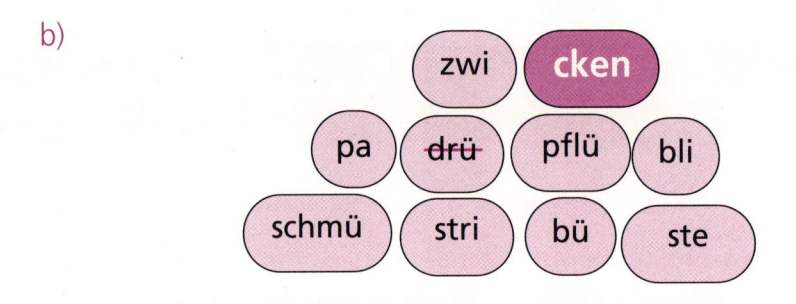

Pyramide: zwi, cken — pa, drü, pflü, bli — schmü, stri, bü, ste

drü-cken, drücken,

Das weiß ich schon: Bei Wörtern mit doppeltem Mitlaut im Wortinneren kommt beim Trennen ein Mitlaut auf die nächste Zeile: brum|men, mes|sen.

Wörter trennen

80. Verbinde die zusammengehörenden Silben und schreibe dann die Wörter mit ihren Trennungen auf die Zeilen.

a) klet   nern   klet-tern

    klir   nen   _____

    ren   ren   _____

    wis   tern   _____

    kom   len   _____

    fal   men   _____

    don   sen   _____

b) Wet   mi   _____

    Zet   te   _____

    Ret   ne   _____

    Gum   tung   _____

    Wan   sel   _____

    Schlüs tel   _____

81. Markiere die Trennstellen. Lass dich dabei nicht verwirren. Denk daran, dass du Wörter mit einer Silbe nicht trennen kannst. Trennstellen kommen also nur in der linken Spalte vor.

a) r e n│n e n   –   er rennt
b) b r u m m e n   –   er brummt
c) b r e n n e n   –   es brennt

10 Wörter trennen

d) f a l l e n — sie fällt

e) k o m m e n — es kommt

f) b e l l e n — er bellt

g) s u m m e n — es summt

h) k e n n e n — sie kennt

82. Schreibe die Sätze mit allen möglichen Trennungen auf die Zeilen.

a) Im Sommer sammelt Annabella gerne Holunderblätter.

Im Som-mer sam-melt An-na-bel-la ger-ne

Ho-lun-der-blät-ter.

b) Grünschnabel plätschert im Brunnen hinter dem Schuppen.

c) Valentin hat das Wettrennen gegen Donnerschlag gewonnen.

d) Vampirina strickt aus heller Wolle einen Winterpulli.

Wörter trennen

e) Annabellas Sommersprossen gefallen Valentin.

_____

_____

f) Vampirinas Fledermäuse flattern durch das Kellergewölbe.

_____

_____

Oftmals ist es nicht leicht, die richtige Trennstelle genau zu hören.

Das muss ich mir merken: Wörter mit *pf* trenne ich wie Ap|fel, töp|fern; Wörter mit *tz* trenne ich wie Kat|ze, Spit|ze.

83. Kannst du das Rätsel lösen? Bestimmt! Die angegebenen Silben helfen dir dabei. Verwendete Silben streichst du durch.

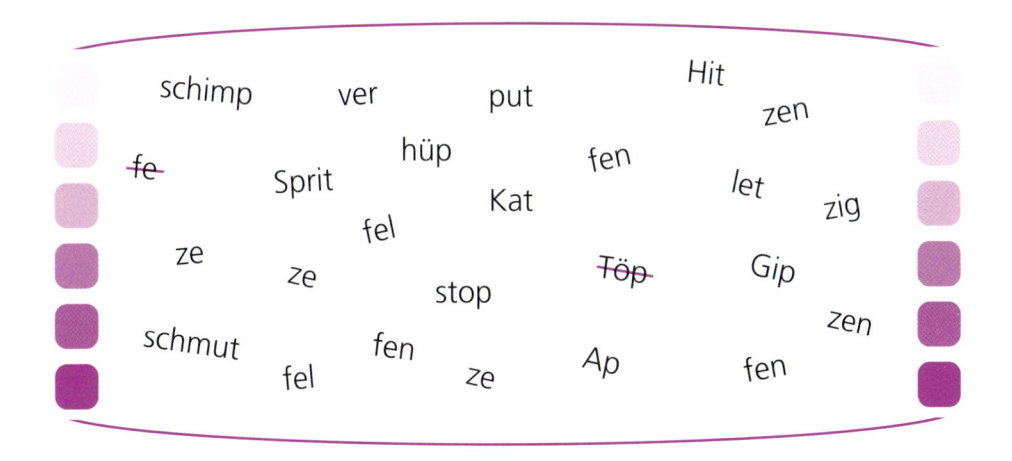

schimp   ver   put   Hit   zen
~~fe~~   Sprit   hüp   Kat   fen   let   zig
ze   ze   fel   stop   ~~Töp~~   Gip   zen
schmut   fen   Ap   fen
fel   ze

a) Kochgeschirr   T ö p f e

b) Rotbackige Frucht   _ _ _ _ _ _

101

10 Wörter trennen

c) Große Wärme _ _ _ _ _

d) Ein Tier, das Mäuse fängt _ _ _ _ _

e) Bergspitze _ _ _ _ _ _

f) Kleine Sprünge machen _ _ _ _ _ _

g) Etwas sauber machen _ _ _ _ _

h) Ein Loch zunähen _ _ _ _ _ _ _

i) Feuerwehrschlauch _ _ _ _ _ _

j) Jemanden schelten _ _ _ _ _ _ _

k) Ein anderes Wort für dreckig _ _ _ _ _ _ _ _

l) Jemanden verwunden _ _ _ _ _ _ _ _

84. Schreibe die Lösungswörter von Übung 83 mit ihren Trennungen auf die Zeilen in der Tabelle.

Wörter mit tz	**Wörter mit pf**
Hit-ze	

Das muss ich mir merken: Aus *st* wird bei der Trennung *s-t* (Gäs-te, pus-ten).

Wörter trennen

85. Hier sind die Buchstaben durcheinander gepurzelt. Bringe die Buchstaben in die richtige Reihenfolge. Schreibe dann zuerst das Wort ohne Trennung auf die erste Zeile, danach dasselbe Wort mit Trennung auf die zweite Zeile. Übrigens: In allen Wörtern kommt *st* vor.

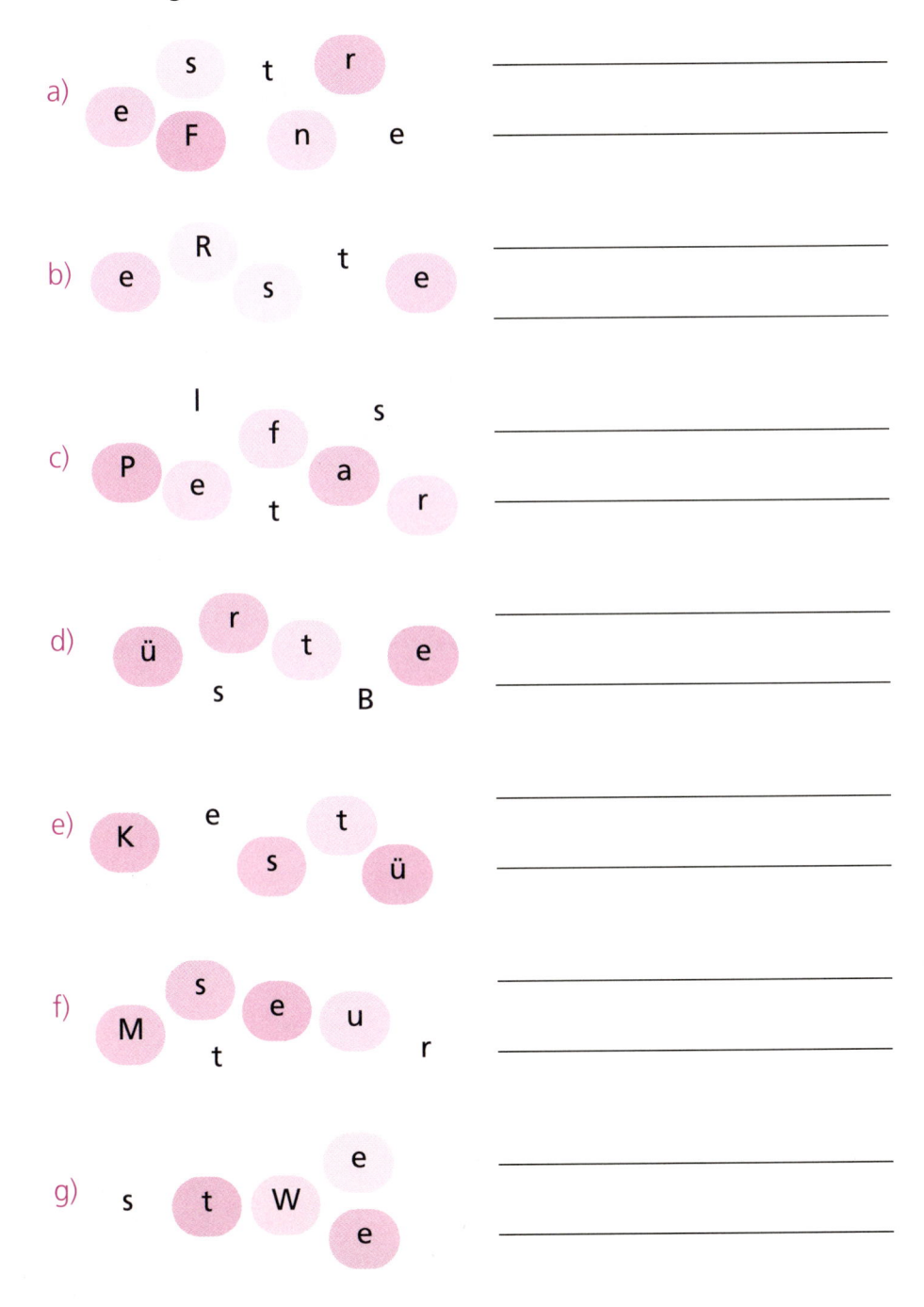

a) s t r e F n e _____

b) R t e S e _____

c) l s f a P e t r _____

d) r t e ü s B _____

e) e t K s ü _____

f) s e u M t r _____

g) e t s W e _____

10 Wörter trennen

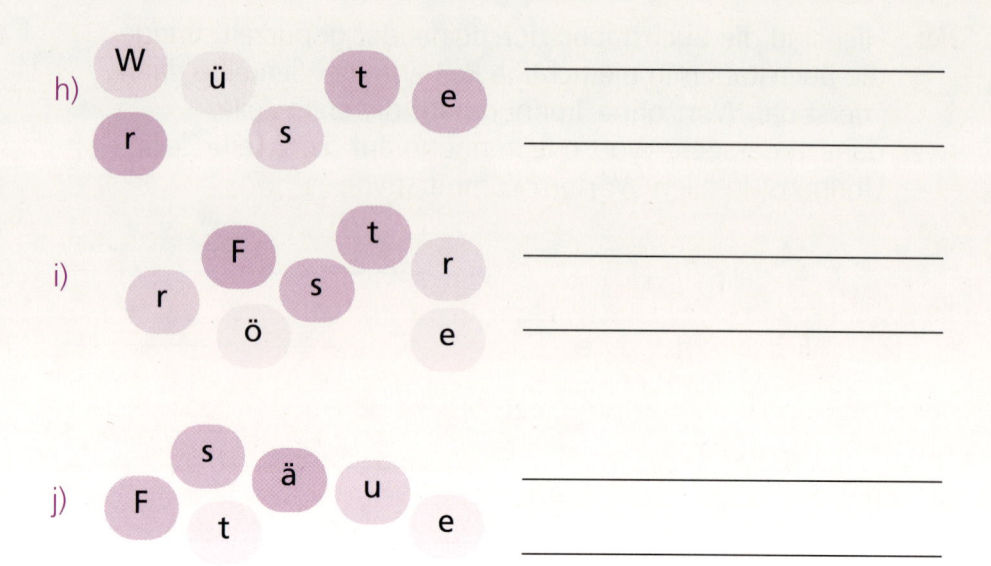

h) W ü t e r s

i) F t r r S e ö e

j) s ä u F t e

86. Wenn du bei den folgenden Wörtern den Selbstlaut durch einen anderen ersetzt, findest du ein neues Wort mit *st*. Schreibe das neue Wort zuerst ohne Trennung auf die erste Zeile, danach dasselbe Wort mit Trennung auf die zweite Zeile.

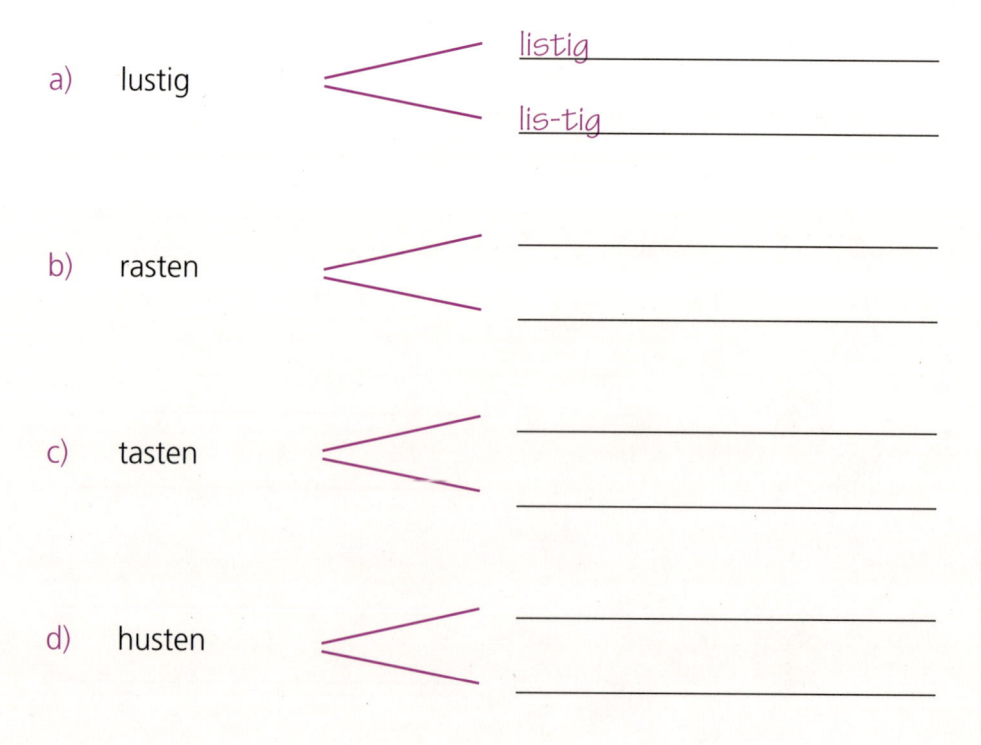

a) lustig — listig / lis-tig

b) rasten

c) tasten

d) husten

Wörter trennen

e) Fenster

f) Kasten

Zum Schluss noch ein kleiner Tipp: Es gibt Wörter, die du auf zwei Arten trennen kannst. Sie beginnen mit *hin, her, wor* oder *dar*. Beispiel: hin|auf oder hi|nauf.

87. Das ist doch erfreulich! Beim Trennen dieser Wörter können dir kaum Fehler passieren, denn du kannst ja jedes Wort auf zwei Arten trennen. Schreibe jeweils beide Trennmöglichkeiten auf die Zeilen.

a) hinauf   *hin-auf, hi-nauf*

b) herum

c) darum

d) worüber

e) woran

f) darauf

g) herein

h) hinüber

i) darunter

j) woraus

Fitness-Station 9

Jetzt kannst du zeigen, dass du ein Profi für Worttrennungen bist!

Markiere alle möglichen Worttrennungen im Text durch einen senkrechten Strich.

Das Feuer

Hörst du, wie die Flammen flüstern,
knicken, knacken, krachen, knistern,
wie das Feuer rauscht und saust,
brodelt, brutzelt, brennt und braust.

Siehst du, wie die Flammen lecken,
züngeln und die Zunge blecken,
wie das Feuer tanzt und zuckt,
trockene Hölzer schlingt und schluckt?

Riechst du, wie die Flammen rauchen,
brenzlig, brutzlig, brandig schmauchen,
wie das Feuer, rot und schwarz,
duftet, schmeckt nach Pech und Harz?

Fühlst du, wie die Flammen schwärmen,
Glut aushauchen, wohlig wärmen,
wie das Feuer flackrig-wild,
dich in warme Wellen hüllt?

Hörst du, wie es leiser knackt?
Siehst du, wie es matter flackt?
Riechst du, wie der Rauch verzieht?
Fühlst du, wie die Wärme flieht?

Kleiner wird der Feuerbraus:
ein letztes Knistern ...
ein feines Flüstern ...
ein schwaches Züngeln ...
ein dünnes Ringeln ...
aus.

Die Vorsilben zer- / ent- / aus- 11

Als Annabella und Valentin durch den Wald streifen, entdecken sie, wie aus Vampirinas Mühlenhaus orange-blauer Rauch aufsteigt. Von den Rauchschwaden beunruhigt, entschließen sie sich, nach Vampirina zu schauen. Die Tür steht weit offen. Die Mühlenhexe entschuldigt sich für den scheußlichen Gestank: „Ich bereite ein Zauberjuckpulver zu. Ich kann es nicht mehr sehen, wie die Leute in unserem Wald ihren Müll abladen oder Flaschen mit giftigem Inhalt entleeren. Solche Umweltverschmutzer!"

„Aber was willst du dagegen tun?", fragt Annabella. Da entgegnet die Mühlenhexe listig: „Ich werde mein Zauberjuckpulver an diesen wilden Müllkippen ausstreuen. Sobald ein Umweltsünder hineintritt, wird es ihn am ganzen Körper so jucken, dass er gar nicht dazukommt, seinen Müll abzuladen."

„Genial!", entfährt es Annabella. „Ich habe frische Brennnesseln zerstoßen, einen Stängel Herkulesstaude zerrieben, getrocknete Ameisensäure zermahlen und alles mit weißem Pfeffer vermischt. Das ist wahre Hexenkunst! Kommt, wir werden es gleich ausprobieren!", fordert Vampirina ihre Besucher voller Tatendrang auf.

88. Im Text verbergen sich elf Wörter mit den Vorsilben *zer*, *ent* und *aus*. Wenn du sie entdeckt hast, kreise sie farbig ein.

11   Die Vorsilben zer- / ent- / aus-

89. Schreibe alle sechs Tunwörter mit der Vorsilbe *ent* (aus dem Text Seite 107) in der Grundform auf die Zeilen.

_____

_____

Das muss ich mir merken: Die Vorsilbe *ent* kann leicht zur Falle werden, da sie wie die Vorsilbe *end* klingt. Um die beiden Vorsilben auseinander zu halten, muss ich auf ihre Bedeutung achten.

Die Vorsilbe *ent* hat die Bedeutung von *weg* oder *heraus*: entleeren = etwas ausleeren; entfernen = weggehen oder wegnehmen.

Die Vorsilbe *end* hängt mit *Ende* zusammen:
Endspiel = letztes Spiel um den Sieg (zum Beispiel bei einem Tennisturnier); Endspurt = letzter Spurt kurz vor dem Ziel.

90. Setze die Vorsilbe *ent* mit den Tunwörtern zu neuen Wörtern zusammen und schreibe sie auf die Zeilen.

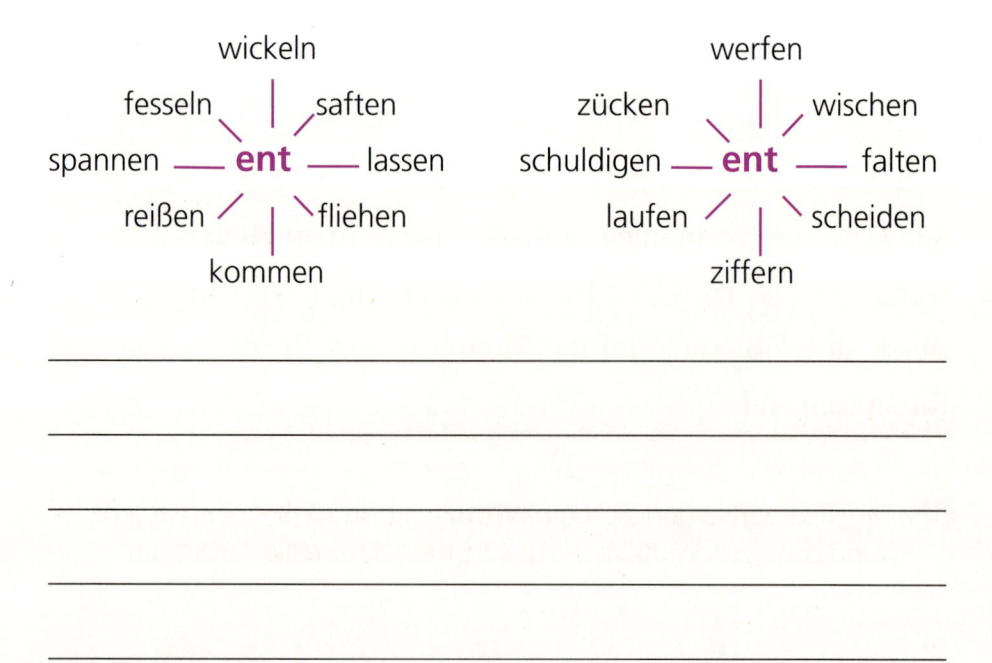

```
            wickeln                          werfen
    fesseln    |   saften           zücken    |   wischen
spannen —  ent  — lassen       schuldigen — ent — falten
    reißen  |   fliehen           laufen   |   scheiden
            kommen                          ziffern
```

_____

_____

_____

_____

Die Vorsilben zer- / ent- / aus-

91. Bilde mit der Vorsilbe *End* neue Namenwörter und schreibe sie mit ihrem Begleiter auf die Zeilen.

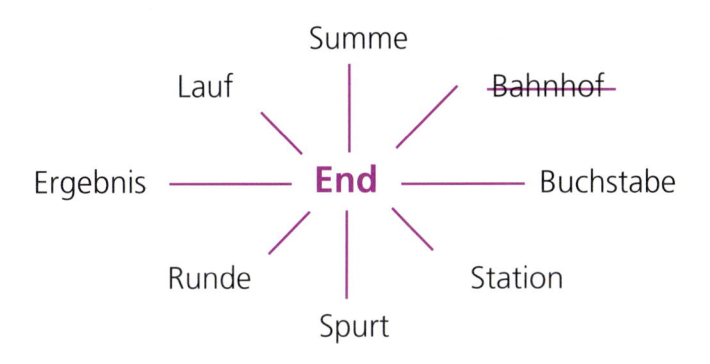

Summe — Lauf — ~~Bahnhof~~ — Ergebnis — **End** — Buchstabe — Runde — Station — Spurt

der Endbahnhof,

_____

_____

92. Im Nu zauberst du mit den Vorsilben *zer* und *aus* jeweils sieben neue Wörter. Schreibe sie auf die Zeilen.

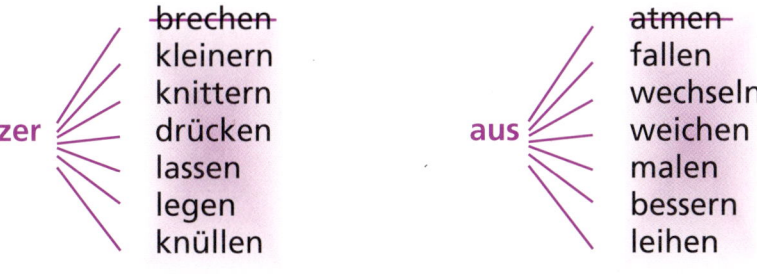

zer — ~~brechen~~, kleinern, knittern, drücken, lassen, legen, knüllen

aus — ~~atmen~~, fallen, wechseln, weichen, malen, bessern, leihen

zerbrechen   ausatmen

_____   _____

_____   _____

_____   _____

109

11 Die Vorsilben zer- / ent- / aus-

_____   _____

_____   _____

_____   _____

Ein Tipp für Übung 93: Aufgepasst! Wenn du diese Tunwörter mit der Vorsilbe *aus* zusammensetzt, treffen zwei *s* aufeinander.

93. Bilde mit der Vorsilbe *aus* neue Tunwörter und schreibe sie auf die Zeilen. Beachte dabei den Tipp über dieser Übung!

stellen   setzen

steigen   spülen   sprechen

spannen

aus

sperren

_____

_____

_____

_____

_____

_____

110

Fitness-Station 10

In den Tests dieser Fitness-Station kannst du dein Wissen zu den trainierten Vorsilben überprüfen.

1 Bilde aus den Vorsilben und den Tunwörtern neue Tunwörter und schreibe sie auf die Zeilen. Aber Vorsicht! Hier passen die Vorsilben nicht zu jedem Tunwort.
Schreibe nur die sinnvollen Zusammensetzungen auf.

a) **aus:** geben, malen, rutschen, flüstern, suchen, lügen, waschen, ändern, holen

_____

_____

b) **zer:** ändern, brechen, kleinern, sagen, knittern, nageln, laufen, geben, kratzen

_____

_____

2 Entscheide dich bei jedem Wort für die passende Vorsilbe. Wähle zwischen *ent* und *end* und ergänze die Lücken.

a) en___gültig   en___gleisen   en___kernen

b) en___mutigen   En___spurt   En___summe

c) En___schluss   en___los   En___fernung

d) En___deckung   en___lich   En___ergebnis

11 Die Vorsilben zer- / ent- / aus-

3 Entscheide dich bei jedem Satz für die passende Vorsilbe und ergänze die Lücken.

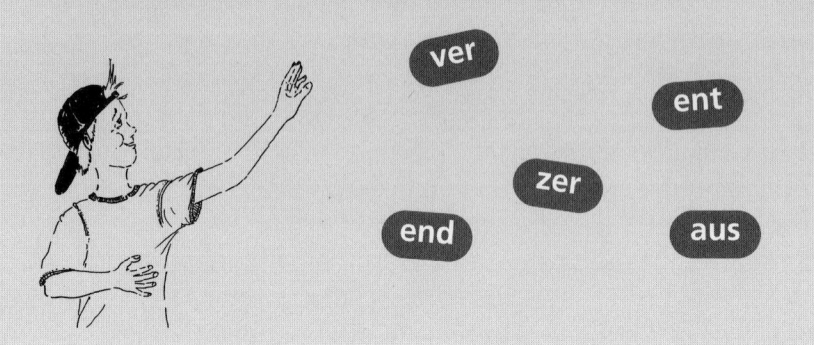

ver / ent / zer / end / aus

a) Vampirina _____deckt eine wilde Müllhalde.

b) Sie ist _____rüstet.

c) Sie kann das Verhalten der Umweltsünder nicht _____stehen.

d) Sie _____schließt sich, _____lich etwas dagegen zu unternehmen.

e) Deswegen hat sie sich ein Zauberbuch _____geliehen.

f) Für das Juckpulver muss sie alle Zutaten _____kleinern.

g) Aus ihrer Vorratskammer _____nimmt sie grob gemahlenen Pfeffer.

h) Jetzt kann sie das Pulver im Wald _____streuen.

Anredefürwörter 12

„Endlich Ferien!", jubelt Annabella fröhlich. „Kein Hexeneinmaleins, keine Zaubersprüche! Jetzt haben wir viel Zeit für Dinge, die uns wirklich Spaß machen!" – „Da habe ich eine tolle Idee!", ruft Valentin aus. „Wir veranstalten eine Flugnacht." Sofort setzt er sich an seinen Computer und schreibt Einladungskarten.

Lieber Tom,

ich lade _____ zu einer Flugnacht am nächsten Sonntagabend herzlich ein.

Kommst _____ auf _____ Turbo-Staubsauger?

Wer die kühnsten Flugkunststücke vorführen kann,

bekommt den Pokal „Goldene Fledermaus".

Vielleicht möchte _____ Schwester mit ihrem

knallroten Düsen-Zauberstab auch am Wettbewerb teilnehmen?

Ich sende _____ beiden liebe Hexengrüße –

_____ Valentin

94. Auf Valentins Bildschirm fehlen die Anredefürwörter. Setze in die Lücken ein: *du, deinem, dich, euch, deine, euer*.

Das weiß ich schon: In einem Brief an vertraute Personen, zu denen man *du* sagt, schreibt man alle Anredefürwörter klein.

Beispiele: *du, deine, dein, dich, euch, euer.*

12 Anredefürwörter

Valentin lädt auch seinen Lehrer ein.

Sehr geehrter Herr Donnerschlag,

ich lade Sie zu einer Flugnacht am nächsten Samstagabend herzlich ein. Kommen Sie doch bitte auf Ihrem Luftfahrrad! Ist es Ihnen möglich, für dieses Fest eine sternenklare Nacht zu zaubern?
Herzliche Hexengrüße sendet Ihnen

Ihr Valentin

95. Valentin hat in diesem Brief alle Anredefürwörter großgeschrieben. Entdeckst du sie? Kreise in Farbe die Fürwörter ein, mit denen Valentin seinen Lehrer anredet.

Das muss ich mir merken: In einem Brief an Personen, zu denen man *Sie* sagt, schreibt man die Anredefürwörter groß.

Beispiele: *Sie, Ihnen, Ihre.*

Fitness-Station 11

Diese Fitness-Station löst du doch mit Leichtigkeit!

Fülle die Lücken in den Briefen mit den passenden Anredefürwörtern aus.

a)

Lieber Herr Nachtauge,

_____ wurden uns als Spezialist für Fledermäuse empfohlen. Wir würden uns freuen, wenn _____ an unserer Schule einen Vortrag über diese geschützten Tiere halten könnten. Wir hoffen, dass _____ uns _____ Dias und Schautafeln zeigen.

_____ Klasse 4b

b)

Liebe Laura,

ich wünsche _____ zu _____ Geburtstag alles Liebe. Es tut mir Leid, dass ich _____ an _____ Festtag nicht persönlich besuchen kann. Trotzdem hoffe ich,

12 Anredefürwörter

dass _____ diese Freikarte für den Kinofilm „Das Dschungelbuch" Freude macht.

Ich umarme _____ und wünsche _____ zwei fröhliche Stunden im Kino.

Liebe Grüße von

_____ Tante Klara

c)

Sehr geehrte Frau Flora Tulpenstängel,

wir wollen auf unserem Schulgelände einen Naturgarten anlegen.

Könnten _____ uns bitte eine Liste mit einheimischen Pflanzen schicken?

Wir würden _____ auch gerne einmal in _____ Gärtnerei besuchen, um von _____ ein paar Pflegetipps zu bekommen.

_____ Schulgartengruppe „Bienenschwarm"

Satzzeichen bei der wörtlichen Rede 13

Satzzeichen bei vorangestelltem Redebegleitsatz

In dieser Nacht herrscht wildes Treiben auf der Burgruine. Alle Teilnehmer der Flugnacht treffen jetzt – kurz vor dem Start – die letzten Vorbereitungen.

Valentin begrüßt die Gäste: „Hallo Flugfreunde, macht euch bereit zum Start!"

Das muss ich mir merken:

Redebegleitsatz

Damit ich weiß, wer spricht, steht vor der wörtlichen Rede der Redebegleitsatz.
Der Redebegleitsatz endet mit einem Doppelpunkt. Nach dem Doppelpunkt muss ich mit einem Großbuchstaben beginnen.

Wörtliche Rede

Mit welchen Worten Valentin seine Gäste begrüßt, erfahre ich in der wörtlichen Rede. Die wörtliche Rede wird durch das untere und obere Anführungszeichen eingeklammert.

96. Unterstreiche den Redebegleitsatz mit einer Farbe, die wörtliche Rede mit einer anderen Farbe.

a) Tom erzählt: „Ich fliege auf meinem Turbo-Staubsauger mit Solarantrieb wie eine Rakete zum Sternenhimmel!"

b) Julia berichtet über ihr Fluggerät: „Mit meinem knallroten Düsen-Zauberstab drehe ich über euren Köpfen schnelle Runden. Dabei wird der Zauberstab meinen Namen aus vielen Glitzerpunkten an den Himmel schreiben."

13 Satzzeichen bei der wörtlichen Rede

c) Andreas behauptet: „So ein tolles Fluggerät wie meinen Lenkdrachen mit seinen bunten Bändern habt ihr noch nie gesehen! Damit kann ich stundenlang in der Luft bleiben und herrliche Loopings drehen!"

d) Die „wilden Vier" geben Auskunft: „Wir fliegen gleichzeitig mit unseren ultramodernen Leichtflugbesen schwierige Figuren wie Achter und waghalsige Überschläge."

97. Setze Doppelpunkt sowie die Anführungszeichen unten und oben an die richtige Stelle.

a) Annabella ruft aus
Oh, so einen Überschlag habe ich noch nie gesehen!

b) Benjamin meint
Bis ich so ein Kunststück beherrsche, muss ich noch lange üben.

c) Carolin schwärmt
Schau nur, welch herrliche Glitzerschrift Julias Zauberstab an den Himmel schreibt!

d) Moritz staunt
Oh! Siehst du, wie wunderschön die bunten Bänder des Lenkdrachens im Nachtwind flattern?

Satzzeichen bei nachgestelltem Redebegleitsatz

Annabella, Valentin und Donnerschlag bilden die Jury. Lange beratschlagen sie, wer die „Goldene Fledermaus" erhalten soll.

„Andreas mit seinem Lenkdrachen hat mich sehr beeindruckt", meint Annabella.

Das muss ich mir merken: Der Redebegleitsatz kann auch hinter der wörtlichen Rede stehen. Dann trennt man die wörtliche Rede durch ein Komma ab.

„Aber was ist das schon im Gegensatz zu Toms atemberaubendem Raketenstart!", ruft Valentin aus.

„Was glaubt ihr, wie viele Stundenkilometer Tom mit seinem Turbo-Staubsauger wohl erreicht hat?", rätselt Donnerschlag.

Das muss ich mir merken: Endet die wörtliche Rede mit Frage- oder Ausrufezeichen, dann wird sie vom nachfolgenden Begleitsatz ebenfalls durch ein Komma abgetrennt.

98. Ergänze fehlende Satzzeichen sowie alle Anführungszeichen unten und oben.

a)   Ihr Jungs achtet immer auf Geschwindigkeit   entgegnet Annabella empört.

b)   Wen schlägst du dann als Sieger vor   fragt Donnerschlag interessiert.

c)   Die Entscheidung ist wirklich nicht leicht seufzt Annabella.

13 Satzzeichen bei der wörtlichen Rede

d) Hat jeder von euch seinen persönlichen Sieger möchte Valentin wissen.

e) Dann schreibt seinen Namen verdeckt auf einen Zettel. Wer die meisten Stimmen bekommt, hat gewonnen schlägt Valentin vor.

Fitness-Station 12

Jetzt hast du es bald geschafft. Du musst nur noch beweisen, dass du die Satzzeichen bei der wörtlichen Rede richtig setzen kannst.

1 Gliedere die Bandwurmsätze in einzelne Wörter und schreibe dann die Sätze richtig auf die Zeilen. Vergiss dabei die Satzzeichen und Anführungszeichen nicht.

a) SANDRAJUBELTICHHABEDENWETTLAUFGEWONNEN

Sandra jubelt: „Ich habe den Wettlauf gewonnen!"

b) SIMONVERRÄTSEINEROMAICHWÜNSCHEMIRSO SEHREINFERNGESTEUERTESAUTO

_____

_____

c) VATERRUFTKOMMWIRREPARIERENDEINENFAHR RADREIFEN

d) ANNAFREUTSICHAMWOCHENENDEFAHREICHMIT
DERJUGENDGRUPPEINSZELTLAGER

e) OMARUFTDIEKINDERDERAPFELKUCHENISTFERTIG

f) JANTELEFONIERTMITUWEMORGENNACH
MITTAGUMVIERUHRHOLEICHDICHZUMHAND
BALLSPIELENAB

2 Jetzt lach mal kräftig! Füge in die Witze die fehlenden Satz- und Anführungszeichen ein.

a) Zwei Luftballons fliegen durch die Wüste.
Der eine meint   Achtung! Da vorne
kommt ein Kaktussssssss!

13 Satzzeichen bei der wörtlichen Rede

b) Der Lehrer fragt Tom   Kennst du sieben
Tiere aus Afrika
Tom antwortet   Sieben Löwen

c)   Hitze dehnt aus, Kälte zieht zusammen. Wer weiß
ein Beispiel   will der Lehrer wissen.
Die Ferien im Sommer dauern sechs Wochen, die im
Winter nur zwei Wochen   antwortet Anja.

d)   Treibst du Sport   fragt Onkel Michael.
Simon antwortet   Na klar! Ich spiele Fußball, Tennis, gehe
zum Schwimmen und mache Leichtathletik.
Onkel Michael ruft aus   Das ist ja enorm! Wann machst du
das alles   Morgen fange ich damit an   antwortet Simon.

e) Stefan schenkt seiner Tante ein Bonbon.
Hat's geschmeckt   fragt er kurze Zeit später.
Oh ja, es war himmlisch   schwärmt die Tante.
Peter meint   Komisch! Dann möchte ich wissen,
warum es der Hund und die Katze ausgespuckt haben.

Quellenangaben

Seite 50: Müll, gekürzt aus: Rolf Krenzer / Ludger Edelkötter, Mit Kindern unsere Umwelt …,
© Rolf Krenzer, Dillenburg.
Seite 106: Das Feuer, aus: James Krüss, Der wohltemperierte Leierkasten, © Sigbert Mohn Verlag,
Gütersloh 1961.

Wörterliste

A
die Achse
achten
ähnlich
aktiv
die Angst
ärgern
der Arzt
ausstellen

B
backen
der Bagger
die Bahn
bauen
die Beere
begegnen
beide
das Beispiel
bellen
beobachten
bequem
bereits
berichten
der Beruf
berühmt
besser
betrachten
die Biene
bitter
blass
blind
der Blitz
der Block
blühen
bohren
das Brett
die Brille
die Brücke
brummen
bücken

D
dass
dauern
die Decke
der Delfin
  (*auch*: der
  Delphin)
deutlich
deutsch
dicht
der Dieb
der Doktor
donnern
doppelt
drängen
draußen
dreckig
drohen

E
echt
die Ecke
ehrlich
eifrig
einzeln
empfangen
empfinden
erinnern
das Erlebnis
ernten
erwidern
erzählen

F
die Fahne
das Fass
der Fehler
fertig
die Flasche
der Fleck
fließen,
  es fließt,
  es floss
der Fluss
flüssig
frieren
fühlen
füllen
fürchten

G
das Gas
die Gasse
das Gebäude
die Gefahr
geheim
gelingen,
  es gelingt,
  es gelang

123

genießen,
  er genießt,
  er genoss
das Geschäft
geschehen,
  es geschieht,
  es geschah
das Gesetz
das Getreide
das Gewicht
gewinnen
gewiss
glücklich
glühen
die Gruppe
der Gummi

H
das Haar,
  die Haare
der Hai
der Haken
hässlich
heißen,
  er heißt,
  er hieß
heizen
die Hitze
höflich
die Höhle
das Holz
die Hütte

I
innen
die Insel
das Interesse

J
die Jacke
jagen
jedoch
jetzt
jubeln
die Jugend

K
kahl
der Kamm
die Kanne
die Kartoffel
der Keller
klettern
klirren
klug
knallen
knicken
der Knochen
der Knopf
der Koffer
der Kran
kratzen
kriechen,
  er kriecht,
  er kroch
kurz
der Kuss
kühl
die Kunst

L
die Lampe
der Lärm
das Laub
das Leben
lecker
leise
das Lexikon
das Lied
liefern
der Liter
locker
der Lohn
die Lücke

M
mähen
mahnen
der Mai
manchmal
die Maschine
marschieren
die Medizin
das Mehl
das Messer
der Metzger
die Miete
miteinander
der Mittag
der Motor
die Musik
mutig
die Mütze

N
nackt
nähen
die Nahrung
nämlich
nass
das Netz
nieder

niemals
niemand
nirgends
die Note
die Nuss
nützen

O
das Obst
der Omnibus,
　die Omnibusse
ordentlich

P
das Paar
das Päckchen
packen
das Paket
der Pass
plötzlich
probieren
der Polizist
der Pullover
putzen

Q
quälen
qualmen
der Quark
die Quelle

R
die Rakete
rau
rein
reparieren
der Rest
richtig
riechen
der Riss
der Rock
roh
rücken
rühren

S
der Saal,
　die Säle
die Sahne
schaffen
der Schatten
schenken
schicken
schief
schießen,
　er schießt,
　er schoss
das Schiff
schleichen,
　er schleicht,
　er schlich
schlimm
schlucken
das Schloss
der Schluss
der Schlüssel
schmal
schmecken
der Schmerz
schmücken

schmutzig
der Schnabel
schneiden,
　er schneidet,
　er schnitt
die Schokolade
der Schuh
die Schüssel
schütten
schwimmen,
　er schwimmt,
　er schwamm
schwitzen
der Sessel
sinken,
　er sinkt,
　er sank
der Sohn
der Spaß
der Spiegel
springen,
　er springt,
　er sprang
spritzen
spüren
der Staat
die Stadt,
　die Städte
der Stängel
stark
der Stern
der Stiel
stolz
stören
die Straße
der Strauß
stricken
stützen
süß

T
tapfer
die Tasse
telefonieren
der Teppich
das Theater
der Tipp,
 die Tipps
die Tochter
träumen
traurig
treffen,
 er trifft,
 er traf
trocken
trotzdem

U
überall
überqueren
umkehren
ungefähr
unterscheiden,
 er unterscheidet,
 er unterschied
der Urlaub

V
die Vase
verbieten,
 er verbietet,
 er verbot
der Verdacht
vergesslich
verhindern
der Verkehr
versäumen
verschwinden,
 er verschwindet,
 er verschwand
verstecken
verwechseln
das Video
die Videokassette
der Videorekorder
das Vieh
vielleicht
das Volk
vorbereiten
vorführen
vorsichtig

W
die Waage
wahrscheinlich
die Waise
 (= das Waisenkind)
wehren
das Wetter
wichtig
wiegen,
 er wiegt,
 er wog
wirken
die Wolke
die Wurzel
der Würfel
der Wurm
wütend

Z
die Zahl
zäh
der Zentner
ziehen,
 er zieht,
 er zog
zuletzt
zusammen
der Zweck
zwischen

Bastle dir ein Lesezeichen!

Dieses Lesezeichen soll dich durch das Buch begleiten.
Du kannst es ausschneiden, auf Zeichenkarton kleben und mit leuchtenden Farben anmalen.

Viel Spaß!

Dieses Buch
gehört